단단한 학급경영 자료실
구글 드라이브

# 교사를 지키는
# 단단한
# 학급경영

# 교사를 지키는
# 단단한
# 학급경영

이종대왕 지음

테크빌교육

## 추천사

## 정년까지 씩씩하게 교직을 이어갈
## 진짜 용기를 얻을 수 있을 거에요

**단단한 학급경영 2년 차, 밍갱쌤**

교직 생활 18년 차. 문득 이런 생각이 들 때가 있었습니다.
'나는 이 일을 언제까지 할 수 있을까?'

아이들을 좋아하지만, 학급을 운영하는 건 또 다른 문제였습니다. 단호함 없이 아이들에게 친절하기만 했던 저는 7월쯤이 되면 체력이 바닥났고 방학만을 손꼽아 기다렸습니다. 학급 분위기를 단단하게 다잡아야 한다는 건 알았지만, 어디서부터 어떻게 시작해야 할지 막막하기도 했습니다. 올해도 어떻게든 버텨야지 하는 마음으로 새 학기를 앞두고 있던 2024년 2월, 우연히 이종대왕의 단단한 학급경영 연수를 듣게 되었습니다. 연수를 듣고 머리를 한 대 '땡' 맞은 느낌이었어요. '아, 내가 원했던 게 이거였구나!'

그날 이후, 이종대왕 선생님의 모든 연수를 쫓아다니며 듣고, 배운 대로 실천해 보았습니다. 그리고 기적처럼, 학급이 달라졌습니다. 아니, 제가 먼저 달라졌습니다. 매일 체력을 소진하며 버티던 교실이 아닌, 교사도 아이들도 함께 편안하고 즐거운 학급을 만들어 갈 수 있다는 사실을 깨달았습니다. 일 년이 이렇게 편할 수도 있는 거였나요?

특히 '아침시간 조용히', '남에게 피해 주지 않기', '용기 있게 인정하기', '손들고 말하기'라는 네 가지 원칙을 일관되게 실천하는 것만으로도 학급이 몰라보게 달라졌습니다. 아이들이 자연스럽게 원칙을 받아들이고 서로에게 스스로 적용하는 모습을 보며, 교사의 역할이 무엇인지 다시 생각하게 되었습니다.

그리고 저는 잔소리를 줄였습니다. 대신 '선택과 집중'이라는 원칙을 배웠고, 중요한 것에만 에너지를 쓰는 법을 익혔습니다. 방학만 기다리던 예전과 달리, 학년말에도 체력이 남아 있습니다. 무엇보다, 더 이상 일요일 밤이 두렵지 않습니다. 이제야 '아, 교직을 정년까지 할 수 있겠다' 자신감이 듭니다.

혼자가 아니었기에 가능한 변화였습니다. 단단한 학급경영 채팅방에서 같은 고민을 나누는 동료 선생님들과 함께 성장하면서, 교사로서의 기쁨을 다시 찾을 수 있었습니다.

이 책은 단순한 이론서가 아닙니다. 이종대왕 선생님의 오랜 경험을 바탕으로, 학급을 바꾸는 구체적인 방법이 담긴 책입니다. 실제 교실에서 검증된 방법들이 담겨 있어 '이거 바로 써봐야겠다'라는 생각이 들 겁니다. 모든 연수의 핵심이 이 한 권에 정리되어 있다고 해도 과언이 아닙니다. 저는 연수를 듣고 실천하며 변화를 경험한 후에 이 책을 읽으니 이종대왕 선생님의 학급경영 철학이 한눈에 정리되는 느낌이었습니다.

만약 저처럼 학급운영이 어렵다고 느껴지고, 매년 갈팡질팡하고 있다면, 단호함과 친절함 사이에서 고민하고 있다면, 카리스마 없는 교사라고 스스로를 탓하고 있다면, 이 책 《교사를 지키는 단단한 학급경영》이 교사와 아이들이 함께 행복해지는 길을 선생님께 안내해 줄 것입니다.

망설이지 말고 한 학기만 그대로 따라 해 보시기를요. 교실도, 그리고 교사로서의 마음도 단단해지는 경험을 하게 될 것입니다.

**추천사**

## 정년까지 적용하고 싶은 단 하나의 방법, 단단한 학급경영

**단단한 학급경영 2년 차, 올라프쌤**

교직 첫해는 녹록지 않았습니다. 교실에서 왈칵 쏟아지는 눈물을 감추고자 급하게 연구실로 뛰어갔던 날들, 면역력이 바닥나 링거로 버티던 날들이 떠오릅니다. 졸업을 앞두고서는 조금만 참자며 스스로를 다독였지만, 그 짧은 기간마저도 참기가 힘들어 눈물바람으로 부모님께 전화를 걸기도 했습니다.

디데이를 세어 가며 손꼽아 기다리던 졸업식 당일, 후련한 마음으로 행사를 마치고 교실로 돌아왔습니다. 책상 서랍을 정리하던 중 구석에 놓아둔 쪽지 하나를 펼쳐 들었습니다.

"요즘 선생님이 많이 웃지 않으시는 것 같아 제가 정말 죄송해요. 제가 더 선생님 말씀을 잘 들을게요."

소수의 아이들과 날 세워 기싸움하는 동안, 얼마나 많은 부정적 에너지로 다수의 아이들을 좀먹이고 있던 걸까요. 뒤통수를 세게 맞은 기분이었습니다.

변하고 싶었습니다. 작년의 기억을 극복하고 싶었기에 6학년을 자원했습니다. 그해 겨울방학에는 각종 연수들을 찾아 헤맸습니다. 훌륭하신 선배님들의 학급경영 방법과 자료들이 넘쳐났지만, 초보인 제가 실천할 수 있는 방법 하나만을 골라 오롯하게 따라가고 싶었습니다. 그렇게 이종대왕님의 단단한 학급경영을 처음 만나게 되었습니다. 연수에 대한 첫인상은 단순하고 과하지 않다는 것이었습니다. 죽이 되든 밥이 되든 올 한 해는 4원칙만 고수해보겠다고 다짐했습니다.

그렇게 일 년이 지났습니다. 완전히 다른 두 번째 교실이 열리는 것 같았습니다. 신규 시절 저는 지도해야 할 순간을 번번이 놓치는 교사였습니다. 하지만 1원칙을 적용한 후로는 지도해야 할 순간에 즉각적으로 개입하고 적절한 수준에서 지도하는 교사가 되었습니다.

이전의 저는 쉬는 시간, 점심시간, 때로는 방과 후에 이르기까지 상담을 하다가 진을 빼는 교사였습니다. 체력을 갈아 넣었지만 생활지도의 효과는 미미해 더 괴로웠습니다. 하지만 2원칙을 적용하니 문제행동을 상담하는 데 10분이 채 걸리지 않게 되었고, 오히려 학생들의 문제행동은 훨씬 높은 비율로 해결되었습니다.

이전의 저는 불쑥 끼어드는 학생들에게 수업의 주도권을 내어주는 교사였습니다. 그러나 3원칙을 적용하고 나서는 수업의 주도권을 장악하고 있다는 것을 체감하게 되었습니다. 수업 효능감 또한 높아졌습니다.

이전의 저는 아침마다 두 줄 일기를 쓰게 했고, 쓰지 않는 학생들에게 실망하는 교사였습니다. 그러나 4원칙을 적용한 다음부터는 차분한 분위기에서 아침을 열 수 있게 되었고, 불필요한 것에 에너지 낭비를 하지 않게 되었습니다. 이제는 정돈된 하루 속에서 마음 급하지 않은 하루를 보냅니다.

이렇게 네 가지 원칙은 저에게 명쾌한 기준과 주도권을 선물해 주었습니다. 지도에 막힘이 없으니 자신감은 덤으로 따라왔고, 더 이상 교실이 두렵지 않습니다. 아이들은 네 가지 원칙을 어떻게 느꼈을까요? 무한한 자유가 주어질 때보다 단단한 교사 아래에 있을 때 안정감을 느끼고, 그런 분위기의 학급을 더 좋아한다는 것을 알게 되었습니다. 원칙 속에서 편안한 자유를 누리는 모습을 일 년간 관찰했습니다. 옆 반 선생님께서 "3반 아이들은 선을 지킬 줄 안다."라고 평을 해 주셨을 때, 올바른 방향으로 나아가고 있다는 것을 더욱 확신할 수 있었습니다.

원고 한 줄 한 줄 밑줄을 그으며 책을 정독했습니다. 연수에서 들었던 이종대왕 선생님의 육성 그대로 1:1 교육을 받는 착각이 들 정도였습니다. 작년 한 해 잘못 적용하고 있던 부분은 없는지 점검하고, 새 학기 교실의 기틀을 단단히 마련할 준비를 했습니다. 방학을 지내며 한껏 말랑해졌던 마음이 다시 무장을 하는 느낌도 받았습니다. 첫 번째 시도였던 작년보다 더 능숙할 수 있을 거라 기대가 됩니다.

매해 학급경영 방법의 유목민이 되어 각종 연수나 서적을 찾고 계시지는 않으셨나요? 그런 선생님께 적용하면 할수록 논리적이고 체계적인 이종대왕의 학급경영 방법을 추천드리고 싶습니다.

선생님, 학년을 막론하고 어떤 교실에서든지 즉각적으로 적용이 가능한 방법을 찾고 계신가요? 1학년부터 6학년까지, 초등을 넘어 중등까지도 적용 후기가 가득한 이종대왕의 방법을 추천드리고 싶습니다.

선생님, 학교에서 에너지를 다 써버리고 퇴근하면 집에서 방전이 되시지는 않나요? 단단한 학급경영을 적용하고 가장 좋았던 부분이 교실에서의 나와 퇴근 후의 나를 구분할 수 있었던 점입니다. 학교에서 적정 수준의 체력을 유지하고 조절할 수 있었거든요.

저는 이 단단한 학급경영을 정년까지 적용해 볼 생각입니다. 선생님도 함께하지 않으실래요? 그리고 한 가지 더 참고해 보시면 좋은 자료들이 있습니다. 제가 단단한 학급경영을 실천하며 일 년 동안 쌓아 둔 100편의 교단 일기입니다. 기록을 따라가시다 보면 단단한 학급경영의 청사진을 생생하게 그리시는 데 도움이 되리라 생각합니다.

올라프의 수업발전소 https://blog.naver.com/olafclass

## 머리말

## 내 방식으로 교실을 운영해 나가 보겠다는 용기, 그것이면 충분합니다

2024년 2월에 있었던 '단단한 학급경영' 연수 이후, 선생님들이 배운 내용을 실제로 실천하는 데 도움을 주고 싶어 단톡방을 개설했습니다. 처음에는 단단한 학급경영을 1년 동안 실천할 800여 명의 선생님만 초대하여 시작했습니다. 2학기가 되자 1,300명이 넘는 거대한 모임이 되었습니다.

내가 실천해 온 단단한 학급경영이, 나에게만 통하는지 아니면 다른 선생님들에게도 효과가 있는지 확인해 보고 싶었습니다.

매일 아침 학생들에게 하면 좋은 멘트를 소개했고, 매주 금요일에는 놀이를 추천했습니다. 금요일 2시 30분 이후에는 일주일 동안 적용했던 4가지 원칙의 실천 후기를 남기며 서로를 돌아보는 시간을 가졌습니다. 이 단톡방은 단순히 질의응답만 받고 자료를 제공하는 곳이 아니라, 학급경영에 지쳐서 흔들리는 선생님들의 고민을 듣고 함께 방법을 찾아가는 공간이 되었습니다.

단톡방 운영은 쉽지 않았습니다. 매일 아침과 매주 금요일에 새로운 무엇을 추천하고 공유하는 것은 적지 않은 부담이었습니다. 아침 멘트를 쓰기 위해 출근 시간도 점점 앞당겨져 원래는 8시 10분이었던 것이 7시 30분이 되기도 했습니다.

결과적으로 이 단톡방을 운영한 것은 교직 생활에서 가장 잘한 일 중 하나가 되었습니다. 유튜브에 놀이를 공유할 때보다, 교사 커뮤니티에 글을 쓰고 댓글을 읽을 때보다, 훨씬 더 많은 선생님들이 공유하는 실시간 실천 후기를 보며, 현장의 변화를 직접 느낄 수 있었으니까요.

'단단한 학급경영'이 학급 운영에 어려움을 겪는 많은 선생님에게도 도움이 되는 방법이라는 확신도 얻었습니다.

이 단톡방의 수많은 이야기 중 가장 기분 좋았던 말은 '정년 도우미'라는 표현이었습니다. 명예퇴직만 바라보며 교직 생활을 하던 선생님들이, '단단한 학급경영'을 실천하면서 정년까지 갈 용기를 얻었다고 합니다. 어느 때보다 힘든 시기임에도 불구하고 누군가가 교직에서 오래도록 행복하게 머물 용기를 얻었다니, 교사로서 이보다 더 큰 보람이 있을까요?

2024년 단톡방에 있었던 선생님들이 단단한 학급경영을 1년 동안 실천하니 교직 생활이 나아졌다는 긍정적인 후기를 많이 남겨 주셨습니다. 단단한 학급경영을 더욱 체계적으로 정리하고, 더 많은 선생님들과 나눌 수 있는 시기가 되었다고 생각합니다. 그래서 이 경험을 책으로 남기고 싶었습니다.

이 방식이 정답이라는 건 아닙니다. 그러나 아무리 경력이 쌓여도, 매년 안개 속을 걷는 듯한 불확실한 마음으로 시작해야 하는 교직 생활 속에서, 이 책이 조금이나마 명확한 원칙과 방법을 제시할 수 있다면, 그 자체로 의미가 있을 것이라 믿습니다. 단단한 학급경영을 실천하며 교직 생활의 새로운 희망을 찾고, 자신만의 방식으로 교실을 운영해 나갈 용기를 얻으실 수 있기를 바랍니다.

함께했던 모두를, 그리고 앞으로 교사의 길을 단단하게 걸어갈 모두를 응원합니다.

마지막으로 단단한 학급경영이 저에게만 맞는 옷이 아니라는 것을 알려준 단톡방의 모든 선생님, 육아하는 와중에도 책을 쓸 수 있도록 이해해 준 너그러운 아내, 아빠가 책을 쓰는 동안은 괴롭히지 않은 귀여운 도경이에게 고마운 마음을 전하며 이 책을 시작합니다.

2025년 봄<br>
이종혁

# 차례

추천사_ 단단한 학급경영 2년 차 밍갱쌤, 올라프쌤 ◆ 4
머리말_ 내 방식으로 교실을 운영해 나가 보겠다는 용기, 그것이면 충분합니다 ◆ 10

## CHAPTER 1. 단단경영에 대해 알아볼까요?

**1. 실용적이고 미니멀한, 단단한 학급경영** ◆ 16
**2. 단호박 같은 단호한 교사** ◆ 20
**3. 끝까지 사수하는 4가지 원칙** ◆ 22
　• 1원칙: 남에게 피해 주지 않기 ◆ 24
　• 2원칙: 용기 있게 인정하기 ◆ 39
　• 3원칙: 손 들고 말하기 ◆ 52
　• 4원칙: 아침 시간 조용히 ◆ 56
**4. 4가지 원칙 중심으로 교실환경 꾸미기** ◆ 64

## CHAPTER 2. 단단경영, 제대로 실천해 볼까요?

**1. 학급경영 주도권 잡기** ◆ 70
**2. 월밀금당** ◆ 84
**3. 4가지 원칙 사수 활동** ◆ 87
　(1) 새 학기 루틴 16 steps ◆ 88
　(2) 주별 4가지 원칙 사수 활동 ◆ 118

**4. 밀당의 힘! 주별 교실놀이** ◆ 147

    (1) 놀이의 주도권 잡기 ◆ 148

    (2) 놀이 전, 판 깔기 ◆ 152

    (3) 놀이 입장료 받기 ◆ 153

    (4) 주별 교실놀이 루틴 ◆ 155

    (5) 깜짝 놀이 시간 ◆ 159

## CHAPTER 3. 단단경영, 내 것으로 만들어 볼까요?

**1. 단단한 교사 마음가짐** ◆ 164

**2. 교사의 사전 멘트, 판 깔기란?** ◆ 167

**3. 단단한 마음가짐을 위해 꼭 기억할 것** ◆ 170

**4. 사례별 멘트 및 마음가짐 소개** ◆ 172

    (1) 일상생활에서 하면 좋은 멘트 ◆ 173

    (2) 주기적으로 하면 좋은 멘트 ◆ 198

    (3) 상황별 개인 지도 멘트 ◆ 212

## CHAPTER 4. 교사에게 가장 어려운 빼기

**1. 그래도 버틸 수 있는 교직의 장점** ◆ 228

**2. 교사에게 가장 어려운 것은 '빼기'** ◆ 231

**3. 교사가 진정으로 '더하기' 해야 할 것들** ◆ 249

# CHAPTER 1.

# 단단경영에 대해 알아볼까요?

# 01
# 실용적이고 미니멀한, 단단한 학급경영

'단단한 학급경영'의 '단단한'은 '간단하다'의 '단'과 '단호하다'의 '단'을 조합하여 만든 말입니다. 이름처럼 단단한 학급경영은 실제 학급경영에 이로운 것들에만 집중하고 불필요한 요소들은 과감하게 제거한 '미니멀리즘'과 '실용성'이 특징입니다.

단단한 학급경영은 교사의 짐을 비우는 것에서부터 시작합니다.

 선생님, 교실이 왜 이렇게 깨끗해요?

짐이 많지 않으면, 별다른 노력을 하지 않아도, 교실을 깨끗하게 유지할 수 있습니다. 실제로 저의 짐은 매우 간소하고, 책상 위에도 포스트잇과 볼

펜 정도밖에 없으니 별로 정리할 것도 없습니다. 교사의 간소한 짐과 깨끗한 책상은 학생들에게도 영향을 주어, 자연스럽게 정리정돈에 신경을 쓰게 합니다.

깨끗하고 '미니멀'한 교실은 학생들의 수업 태도에도 큰 영향을 줍니다. 앞판, 뒤판, 창문, 벽, 심지어 천장까지도 화려하게 꾸며놓은 교실은 매우 예쁘겠지만 시선을 다른 곳으로 빼앗기기 쉬운 환경이 될 수도 있습니다.

당연하지만, 수업 시간에 집중하는 것은 매우 중요합니다. 불필요하고 화려한 장식을 걷어내면 자연스럽게 학생들이 교사와 칠판에만 집중할 수 있는 환경이 됩니다. 시선을 돌리면 화려한 장식 대신 네 가지 규칙만 보일 뿐이라 자연스럽게 다른 곳에 신경을 쓰지 않게 됩니다.

짐을 비우는 것은 어쩌면 선생님들에게 가장 어려운 일이 될 수도 있겠

지만 단단한 학급경영을 실천하기 위해서는 선택이 아니라 필수라는 점을 꼭 기억하시면 좋겠습니다.

학급을 운영해 오면서, 다양한 규칙을 적용해 보았습니다. 그 과정에서 효과가 없는 것은 삭제하거나 다른 규칙과 통합하여, 최종적으로 4가지 원칙만 남겼습니다. 이 4가지 원칙은 단순한 원칙이 아닙니다. 하나하나 굉장히 실용적인 규칙들이며, 이것만으로도 충분히 학급을 탄탄하게 운영할 수 있습니다.

학급의 특색 활동도 다양하게 적용해 보고 그중 가장 효과적인 한 가지만 남겼습니다. 바로 '놀이'입니다. 이 하나의 특색 활동을 매년 실천하다 보니 해당 분야에서 깊이 있게 성장할 수 있었습니다. 특히 평소 놀이를 하지 않으셨던 선생님은 이 책을 통해 새로운 관점에서 놀이의 필요성을 바라보실 수 있을 것이라 생각합니다. 어떤 놀이는 학생뿐만이 아니라, 교사 자신을 위해 필요한 놀이가 되며, 돌아서 궁극적으로 학생을 위한 일이 될 것입니다.

이제 본격적으로 단단한 학급경영에 대해 알아보겠습니다.

# 단호박 같은 단호한 교사

많은 선생님들이 '단호한 교사'가 되기를 꿈꿉니다. 표준국어대사전을 찾아보면 '단호하다'의 사전적 의미는 '결심이나 태도, 입장 따위가 과단성 있고 엄격하다.'입니다. 여기서 '과단성'은 '일을 딱 잘라서 결정하는 성질'을 뜻합니다. 학생들의 선을 넘는 질문과 행동에 '안 돼', '하지 마'라고 단호하게 말할 수 있는 교사, 이러한 교사가 '단호박 같은' 단호한 교사입니다.

그런데 단호한 교사가 되기 위한 한 가지 필수 조건이 있습니다. 바로 확실한 원칙입니다. 확실한 원칙이 교사의 머릿속에 각인되어 있어야 학생들이 잘못된 행동을 했을 때, 어떻게 즉각적으로 판단하고 대응할 수 있습니다.

흔들리지 않는 원칙은 다음과 같은 요건을 가집니다.

첫째, 단순합니다. 원칙이 단순하면 단순할수록 즉각적인 판단을 하기에 좋습니다. 따라서 학생들의 돌발행동에 빠르게 대처할 수 있습니다. 학생에게도 복잡한 것보다 단순한 원칙이 머리에 쉽게 각인되고 오래 남아, 그만큼 학교생활 깊숙이 자리매김할 수 있게 됩니다.

둘째, 끝까지 사수한다는 마음가짐을 가져야 합니다. 학기 초에 한 번 학생들에게 소개하고 게시판에 붙여 놓는 것으로 끝내는 것이 아니라 일 년 내내 이 원칙으로 지도하고 계속 강조하면서, 교사는 절대 이것을 내려놓을 생각이 없다고 강하게 인지시키는 것이 중요합니다. 끝까지 사수하는 마음으로 1년 내내 지도할 때, 원칙의 일관성이 유지됩니다.

물론, 흔들리지 않는 원칙이 통하지 않을 때도 있습니다. 그러나 교사의 원칙이 흔들린다면 그동안 잘 따르던 많은 학생들에게 불신이 싹틀 수 있습니다. 그러므로 일부의 문제 학생이 변화하지 않더라도 원칙을 일관성 있게 계속 적용해야 합니다. 그러면 학급 운영의 상향평준화가 이루어질 수 있습니다. 단단한 학급경영이 이루고자 하는 궁극적인 목표는 학급의 '상향평준화'입니다. 상향평준화는 문제 학생의 태도에도 긍정적인 영향을 미쳐, 학급 전체에 좋은 변화를 일으키는 선순환 구조를 형성합니다.

# 03
# 끝까지 사수하는
# 4가지 원칙

　　　　　　　단호한 교사란 흔들리지 않는 원칙으로 학생들의 행동에 대해 즉각적으로 훈육 여부를 판단할 수 있는 교사라고 했습니다. 그리고 끝까지 원칙을 사수해야 합니다. 물론 아무리 노력해도 원칙을 지키지 않는 학생들이 있을 수 있습니다. 그럼에도 불구하고 교사가 끝까지 사수하겠다는 마음으로 일관성 있게 원칙을 적용한다면, 적어도 나머지 학생들에게 긍정적인 영향을 미칠 수 있습니다. 이는 학생들의 행동을 상향평준화하고, 규칙을 무시하는 학생들이 설 자리를 없앨 수 있습니다.

　　다음은 단호한 교사의 4가지 원칙 사수에 대한 의지를 학생들에게 전달하는 멘트입니다. 우선 한번 눈으로 읽어 보신 뒤 소리 내어 읽어 보면서 자신에게 맞게 멘트를 수정해 보시면 좋습니다.

지금부터 여러분과 함께 1년 동안 지켜야 할 4가지 원칙을 설명하겠습니다. 이 원칙들은 간단하고 실천하기 쉬운 것들이기 때문에 누구나 지킬 수 있습니다. 만약 이것을 지키지 않는 학생이 있다면, 선생님은 단호하게 지도할 계획입니다. 물론 여러분은 아직 성장하는 과정에 있으므로 당연히 실수할 수도 있고, 처음부터 4가지 원칙을 완벽하게 지키지 못할 수도 있습니다. 하지만 선생님은 이 4가지 원칙을 1년 동안 절대 포기하지 않을 것이며 끝까지 지킬 것입니다. 여러분도 선생님과 좋은 관계를 위해 이 4가지 원칙을 온 힘을 다해 지켜주길 바랍니다.

**끝까지 사수하는 4가지 원칙**

| 남에게 피해 주지 않기 | 용기 있게 인정하기 | 손 들고 말하기 | 아침 시간 조용히 |
|---|---|---|---|
| 생활지도 | 문제 발생 시 | 수업 시간 | 분위기 조성 |

**학급 상향평준화**

## 1원칙
### 남에게 피해 주지 않기
**생활지도 영역**

1원칙인 '남에게 피해 주지 않기'는 생활지도에 쓰는 단 하나의 원칙입니다. 보통 학생들을 지도할 때 흔히 사용하는 "뛰지 마라", "소리 지르지 마라", "물건 던지지 마라", "몸싸움하지 마라"는 대부분 잔소리처럼 들릴 뿐입니다. 그런데 이런 말들이 과연 효과적일까요? 어린 시절 부모님께 들었던 잔소리를 떠올려 보세요. 대부분 금세 잊어버리거나, 한 귀로 듣고 흘려버렸습니다.

그러나 잔소리보다 효과적인 멘트가 있습니다.

'남에게 피해 주지 않습니다.'

이 원칙만으로 교사는 어떤 행동을 훈육해야 할지 즉각적으로 판단하기도 훨씬 쉬워집니다. 그리고 문제 행동을 하면 안 되는 이유를 충분히 설명할 수 있습니다.

### ① 1원칙 설명 멘트

먼저 새 학기에 층간소음이나 간접흡연 등 학생들 생활과 밀접한 문제 행동의 예시를 들어 1원칙의 필요성과 정당성을 설명합니다.

집에서 쉬고 있는데 윗집에서 쿵쾅거리는 소음이 납니다. 이런 경험이 있는 학생, 손 들어 볼까요? 그때 기분이 어땠나요? '아무 잘못도 없는 내가 왜 이런 피해를 받아야 하지?' 하는 생각이 들지 않았나요?

날씨 좋은 날 기분 좋게 길을 걷고 있는데 갑자기 어디선가 풍겨오는 퀴퀴한 담배 냄새를 맡아 본 적 있나요? 그런 경험이 있는 학생, 손 들어 볼까요? 그때도 '내가 왜 갑자기 이유도 없이 이런 피해를 받아야 하지?' 하고 억울하거나 불쾌한 기분이 들었을 겁니다.

어른이 되어서도 남에게 쉽게 피해 주는 사람들이 있습니다. 공공장소에서 큰 소리로 떠들거나, 다리를 쩍 벌리고 앉거나, 배려 없이 행동하는 사람들 말이죠. 그렇게 올바르게 성장하지 못한 사람들은 요즘같이 휴대폰과 인터넷 뉴스가 발달한 시대에서는 금방 사람들에게 알려집니다. 안타깝게도 좋은 쪽이 아니라 나쁜 쪽으로 유명해지죠. 그렇게 되면 그 모습을 가족, 친척은 물론 예전 초등학교 친구, 중학교 친구들까지 다 알게 됩니다. 망신도 그런 망신이 없을 겁니다.

누구도 남에게 피해를 줄 자격은 없습니다. 돈이 많아도, 힘이 세도 이유 없이 다른 사람에게 피해를 줄 권리는 없어요. 우리가 함께 어우러져 사는 이 세상에서 '남에게 피해 주지 않는다'는 가장 기본적이고 명확한 원칙입니다. 남에게 피해만 주지 않고 살아도 정말 훌륭한 인생을 살아갈 수 있습니다. 선생님은 올해 여러분들에게 이 원칙을 확실하게 지도할 생각입니다.

다 같이 따라 해볼까요? 1원칙, 남에게 피해 주지 않습니다.

위와 같이 멘트를 마친 뒤, 학생들에게 몇 가지 구체적인 행동을 예시로 들며 왜 그것이 남에게 피해를 주는 행동인지 설명합니다.

- 교실이나 복도에서 뛰면 안 되는 이유는?
  → 다른 사람이 다칠 수 있으므로 남에게 피해 주는 행동이다.
- 수업 중 떠들면 안 되는 이유는?
  → 선생님을 포함해 다른 사람들의 수업에 방해가 되므로 남에게 피해 주는 행동이다.
- 물건 던지면 안 되는 이유는?
  → 다른 사람이 맞을 수 있으므로 남에게 피해 주는 행동이다.
- 바닥에 눕거나 앉아 있으면 안 되는 이유는?
  → 다른 사람의 통행에 방해되므로 남에게 피해 주는 행동이다.

그리고 학생들에게 질문합니다.

 그럼 교실에서 평화롭게 리코더를 부는 것은 어떨까요? 남에게 피해 주는 행동일까요?

명확히 남에게 피해를 주는 위의 예시들과 다르게 이 질문에는 선뜻 답을 못 내리는 학생이 많았습니다. 이럴 때는 교사가 분명하게 답을 내려줍니다.

 교실에서 혼자 아름답게 리코더를 연주한다면 남에게 피해 주지 않을 것입니다. 하지만 여러 명이 각자 리코더를 동시에 연주한다면? 그것은 아름다운 소리가 아니라 소음이 되겠죠? 그래서 교실에서 악기를 연주하는 것 또한 남에게 피해 주는 행동에 해당합니다.

몇 달 전 교사 커뮤니티에서 한 선생님이 하소연하는 글을 올렸습니다.

'쉬는 시간에 물병 세우기 놀이하는 소리 때문에 시끄러워 죽겠어요.'

저는 그 글을 보고 '왜 처음부터 금지하지 않았을까?' 하는 아쉬운 마음이 들었습니다. 물병 세우기 놀이를 한 명이 한다면 역시 별다른 피해가 없을 수 있으나 여러 명이 동시에 하기 시작하면 엄청난 소음이 발생하고, 이는 분명 남에게 피해를 주는 행동입니다. 특히 학기 초 쉬는 시간에 어김없이 누군가 이 놀이를 시작하곤 합니다. 이럴 때 저는 기다렸다는 듯이 수업 종이 울리자마자 다음과 같이 멘트를 합니다.

쉬는 시간에 물병 세우기 놀이를 하는 학생들이 있었습니다. 물병을 던져 책상 위에 세우는 놀이인데, 그 놀이를 하는 학생은 즐겁겠지만 주변의 다른 학생들은 그 시끄러운 소리를 들어야만 합니다. 이것은 남에게 피해 주는 행동이 분명합니다. 선생님이 말했죠? 누구도 남에게 피해 줄 자격은 없습니다. 그 놀이를 하고 싶다면 집에서 하거나 운동장에서 하기 바랍니다.

물병 세우기 놀이를 꼭 금지하지 않아도 됩니다. 이 놀이가 잠깐 유행하다가 자연스레 사라질 수도 있고, 크게 피해 주지 않는 행동일 수도 있습니다. 하지만 이런 멘트를 통해 다시 한번 '남에게 피해 주지 않기'라는 1원칙을 강조하고, 선생님이 이 원칙을 일관되게 적용하고 있다는 믿음을 학생들에게 심어줄 수 있습니다.

### ② 지속적인 노출

특정 행동이 있을 때는 물론, 평상시에도 지속적으로 원칙을 노출하는 것이 좋습니다. 누군가 복도에서 뛰고 있다면 "뛰지 마세요. 걸어가세요."라고 말하는 대신 "남에게 피해 주지 않습니다.", "지금 복도에서 뛰었는데, 그것이 남에게 피해 주는 행동인 것 알죠?"와 같이 분명하게 원칙을 이야기합니다.

수업 중 다 같이 복도를 나갈 일이 있을 때도 "지금 양옆 반이 수업 중이기 때문에 복도에서 소리를 내면 남에게 피해를 주는 행동입니다. 특히 초등교육은 의무교육이기 때문에 법적 권리에 피해를 주는 중대한 사항입니다. 남에게 피해 주지 않고 조용히 이동하도록 합시다."와 같이 원칙을 강력하게 노출합니다.

학생들이 "이거 해도 돼요?"라고 묻는 순간들이 참 많습니다. 그때도 무조건 '남에게 피해 주지 않기' 관점에서만 지도하면 되겠습니다. "남에게 피해 주지 않는 행동이니 허락하겠습니다.", "그렇게 하면 남에게 피해 줄 수 있으니 안 될 것 같습니다."로 원칙을 인지시키고 함께 지도합니다.

　새 학기부터 꾸준히 생활 지도에 1원칙을 활용하면, 학생들 사이에서도 자연스럽게 그것을 지키는 문화가 형성됩니다. "남에게 피해 주지 말자.", "지금 남에게 피해 주는 거 아니야?", "남에게 피해 주는 행동 같으니 하면 안 될 것 같아."와 같이 서로 원칙을 언급하며 스스로 지키려는 분위기가 만들어지고, 이 원칙이 공동의 규범으로 자리 잡게 됩니다. 일관성과 지속성이 이 원칙을 성공적으로 안착시키는 데 핵심입니다.

### ③ 교사가 노력할 점

　1원칙을 사수하기 위해서는 교사의 관성적인 행동을 되돌아보는 노력도 필요합니다. 평상시에 습관처럼 지적하는 행동 중, 실제로는 남에게 피해 주는 행동이 아님에도 불구하고 잔소리를 한 적은 없는지 돌아볼 필요가 있습니다. 1원칙에 위배 되지 않는 행동이라면, 굳이 지적하지 않고 넘어가는 연습을 해야 합니다. 오직 '남에게 피해 주지 않기 관점'에서만 지도를 하고, 만약, 불쑥 불필요한 지적이나 잔소리가 튀어나왔다면 스스로 되돌아보는 습관을 길러 보세요.

　만약 이 행동이 남에게 피해를 주는 것인지 즉각적인 판단이 서지 않을 때는 어떻게 해야 할까요? 그런 경우 '조건부 허락'을 활용하는 것이 효과적입니다. 일단 허락은 하나 1원칙에 조금이라도 위배된다면 바로 금지한다는 뜻입니다. 예를 들어, 누군가 장난감을 가지고 와서 놀고 있습니다.

저는 참고로 장난감을 가져오는 것을 바로 금지하지 않습니다. 그보다는 아래와 같이 '조건부 허락'을 합니다.

🧑 지금 장난감 가지고 노는 모습을 보니 선생님이 보기에도 남에게 피해 주는 행동이 아닌 것 같아 일단 허용하겠습니다. 단, 이 장난감으로 누군가에게 피해를 주거나 수업 중에 꺼내서 수업에 방해가 된다면, 이후 어떤 장난감도 학교에 가져오지 못하게 할 것입니다. 그렇게 할 수 있겠습니까?

이는 무조건 관성처럼 '안 된다.'라고 말하지 않고, 학생에게 한번 기회를 주어 스스로 그 결과를 책임지도록 전략을 짠 것입니다. 학생은 기회를 얻은 만큼 남에게 피해 주지 않기 위해 최선을 다할 것이며, 만약 이를 지키지 못했다면 그에 따른 결과를 수긍할 수밖에 없습니다. 왜냐하면 선생님은 이미 기회를 주었으니까요.

몇 년 전, 5학년을 가르칠 때 축구를 아주 좋아하는 개구쟁이 학생이 있었습니다. 운동도 잘할 뿐 아니라 굉장히 영특한 학생이었죠. 어느 날, 장난감에 대한 전체 멘트를 한 직후였습니다.

👧 선생님, 그럼 제가 축구공을 손잡이가 있는 주머니에 넣고 다니는데요. 교실 구석에서 제기를 차듯이 주머니를 잡고 공을 차는 연습을 해도 될까요? 땅에 떨어뜨리거나 다른 친구한테 차거나 던지는 것이 아니라 남에게 피해 주는 행동이 아닐 것 같아요.

처음 들어보는 질문이었기에 저도 모르게 "그건 안 되지."라고 답했지만, 곧 다시 아래와 같이 얘기했습니다.

> 듣고 보니 남에게 딱히 피해를 주는 행동이 아닌 것 같네. 게다가 너라면 분명 조심하면서 행동할 것 같아. 그럼 일단 기회를 줄게. 단, 한 번이라도 남에게 피해 주는 상황이 발생하면 당연히 금지인 것 알지?

그 학생은 굉장히 흡족해하며 자리로 돌아갔고 쉬는 시간이 되자마자 교실 구석에서 주머니를 잡고 공을 제기처럼 차면서 놀기 시작했죠. 그다음 쉬는 시간에도 공차기를 반복했습니다. 그러나 몇 번 하더니 지루했는지 공차기는 그만두었습니다.

그런데 그날 이후, 그 학생의 태도가 많이 달라졌습니다. 대꾸하거나 불만을 노골적으로 드러내던 모습에서, 무슨 말을 해도 씩씩하게 "예!"라고 대답하는 학생으로 변했습니다. 당연히 거절당할 것으로 예상했던 요청을 원칙에 따라 허락해 준 선생님에게 큰 신뢰가 생긴 것 같습니다.

이 예를 통해, 습관적으로 지적했거나, 무조건 안 된다고 지도했던 행동들을 1원칙에 비추어 다시 판단해 보고, 때로는 조건부 허락을 할 용기와 노력이 필요하다는 점을 말씀드리고 싶습니다. 사실 허락한다고 해서 큰일이 벌어지는 것도 아닙니다. 오히려 이를 통해 학생들의 큰 신뢰를 얻을 수 있다면 대단히 남는 장사 아닐까요?

과거에 전담 수업이 있을 때면, 쉬는 시간이 끝나기 전에 학생들을 반듯하게 줄을 세우고 한마디도 하지 못하게 지도하며 이동했습니다. 한마디라도 들리면 바로 뒤돌아 학생들을 날카롭게 응시하고, 조용해지면 다시 이동했으며, 때론 멈춰 세우고 야단을 치기도 했습니다. 그러다 어느 날 문득 이런 생각이 들었습니다.

'쉬는 시간인데, 딱히 남에게 피해 주는 것도 없는데 내가 왜 이렇게 예민하게 지도하지?'

이러한 생각을 하게 된 후에는 학생들에게 다음과 같이 멘트하며 지도하였습니다.

앞으로 전담실이나 급식실로 이동할 때에 반듯하게 줄을 서지 않아도 됩니다. 친구와 조용히 대화하며 산책하듯 편안하게 걸어가도 좋습니다. 단, 남에게 피해 주는 행동이 없어야 이 방식을 지속할 수 있겠죠? 예를 들어, 뛰거나 몸 장난을 하여 뒤에 있는 친구의 통행을 방해하거나, 크게 소리를 지르는 경우가 생기면 그 즉시 원래대로 되돌아가야 한다는 것을 명심하세요.

놀랍게도, 학생들이 산책하듯 편안하게 이동하면서 남에게 피해 주는 행동은 오히려 줄어들었습니다. 더불어 저도 예민하게 학생들을 줄 세우고 조용히 시켜야 한다는 압박감과 스트레스에서 벗어날 수 있었습니다.

④ **주의할 점**

남에게 피해를 주지 않는다고 해서, 모든 행동이 허용되는 것은 아닙니다. 예를 들어, 쉬는 시간에 휴대폰을 사용하거나 엘리베이터를 이용하는 것은 남에게 직접적인 피해를 주지 않지만, 학칙을 위반하는 행동입니다. 학칙이 법과 같다면, '남에게 피해 주지 않기'라는 1원칙은 법으로 규정하기 모호한 상황에 적용할 수 있습니다. 이를 학생들에게 다음과 같은 멘트로 설명합니다.

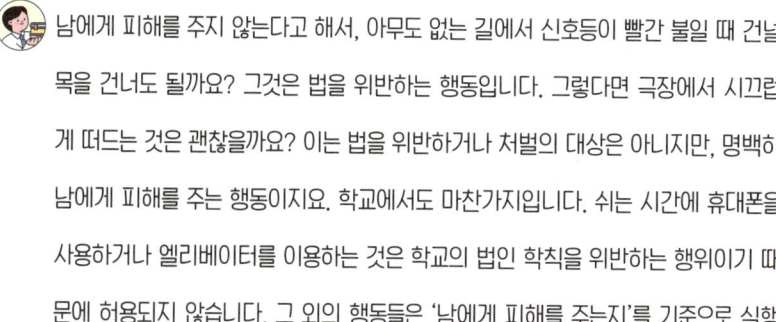 남에게 피해를 주지 않는다고 해서, 아무도 없는 길에서 신호등이 빨간 불일 때 건널목을 건너도 될까요? 그것은 법을 위반하는 행동입니다. 그렇다면 극장에서 시끄럽게 떠드는 것은 괜찮을까요? 이는 법을 위반하거나 처벌의 대상은 아니지만, 명백히 남에게 피해를 주는 행동이지요. 학교에서도 마찬가지입니다. 쉬는 시간에 휴대폰을 사용하거나 엘리베이터를 이용하는 것은 학교의 법인 학칙을 위반하는 행위이기 때문에 허용되지 않습니다. 그 외의 행동들은 '남에게 피해를 주는지'를 기준으로 실행 여부를 판단해야 합니다.

⑤ **학기 초에 필수로 지도해야 하는 사항**

학기 초에 1원칙인 '남에게 피해 주지 않기'와 연관지어 학교폭력 예방 교육을 자연스럽게 실시합니다. 학교폭력의 발생 흐름은 대체로 뒷담화(험담) → 왕따(집단 따돌림) → 학교폭력 순서로 이어집니다. 따라서 형식적인 교육이 아니라 문제의 싹을 단호히 잘라내겠다는 마음으로 지도해야 예방 효과를 극대화할 수 있습니다.

뒷담화는 주로 귓속말, 쪽지, 단톡방(단체 대화방), SNS, 온라인 커뮤니티 등을 통해 이루어집니다. 이 중 귓속말이나 쪽지는 학교 내에서 비교적 쉽게 관리할 수 있습니다. 단톡방이나 SNS 활동 등은 외부에서 이루어지기 때문에 관리가 어렵습니다. 따라서 예방 차원에서 다음과 같은 강력한 멘트를 통해 그 위험성을 경고합니다.

 학교폭력의 90% 이상이 어디에서 발생하는지 아나요? 바로 단톡방입니다. 이는 국가기관에서 발표한 신뢰도 높은 통계자료에 근거한 사실입니다. 그러므로 선생님은 단톡방이 남에게 심각한 피해를 줄 수 있는 공간이라고 판단하여 이를 금지합니다. 단톡방에서는 원치 않는 험담, 욕설, 심지어 부적절한 사진까지 보게 되는 일이 흔히 발생합니다. 이는 분명히 남에게 피해를 주는 행동입니다.

그럼에도 불구하고, 단톡방을 몰래 만들고 친구들을 초대해 욕설이나 험담을 하며 죄 없는 친구들에게 피해를 주는 학생들이 종종 있습니다. 심한 경우, 그 안에서 '왕따'나 '은따' 같은 심각한 학교폭력으로 이어지기도 합니다.

이제부터 단톡방을 만들거나 속해 있다가 적발된다면, 선생님은 절대 용서하지 않을 것입니다. 그곳에서 발생하는 어떠한 문제에 대해서도 도움을 줄 생각이 없습니다. 이미 선생님이 단톡방을 허락하지 않는다고 분명히 경고했기 때문입니다.

이제 선택은 여러분에게 달려 있습니다. 오늘 하교 후, 이미 속해 있던 단톡방에서 나가겠습니까? 아니면 선생님의 경고를 무시하고 학교폭력의 씨앗을 계속 심겠습니까? 여러분이 단톡방의 위험성을 진지하게 생각하고, 현명한 결정을 내리리라 선생님은 믿습니다.

물론 교사가 학생들의 개인 휴대폰을 모두 검사할 수는 없기 때문에 몰래 단톡방을 운영하는 학생들이 있습니다. 그리고 이로 인해 문제가 발생하기도 합니다. 하지만 위와 같은 강력한 단톡방 금지 멘트를 하느냐 하지 않느냐는 분명 큰 차이를 만듭니다. 학생들은 특성상 부정적인 결과를 충분히 예측하지 못하고 문제를 일으키는 경우가 많습니다. 사건이 터진 후 교육하는 것보다는 예방 차원에서 강력한 메시지를 전달하는 것이 훨씬 효과적입니다. 만약 사건이 발생하더라도, 학생이 선생님의 지도를 어겨서 벌어진 일이라는 사실을 알고 반성하는 태도를 보이기 때문에 해결 과정이 비교적 수월한 편입니다. 때로는 '도둑이 제 발 저리는 심정'으로 스스로 문제를 해결하는 모습을 보기도 합니다.

실제로 멘트를 하고 나면 학생 대부분이 알아서 단톡방을 나갑니다. 물론 "태권도 도장에서 만든 단톡방도 나가야 하나요?", "가족 톡방도 나가야 하나요?"와 같은 질문이 끊임없이 이어지기도 합니다. 이때 선생님은 단 하나의 기준으로만 판단하시면 됩니다. 어른이 한 명이라도 있는 단톡방이면 가능, 아니면 무조건 불가능하다가 그 기준입니다.

더하여 저학년도 반드시 지도해야 합니다. "설마 저학년이 단톡방에 참여하겠어?" 하며 그냥 넘어가기도 합니다. 2024년도 학급경영 단톡방에 참여했던 저학년 선생님들은 이 멘트를 직접 한 후에, 생각보다 많은 수의 학생의 단톡방 참여를 확인하고 놀라워했으며, 이 지도를 하기를 잘했다는 긍정적인 피드백을 많이 주었습니다.

 단톡방 이외에도 뒷담화가 발생할 수 있는 행동에 대해서는 1원칙에 따라 지속적으로 지도해야 합니다. 예를 들어, 쪽지 돌리기와 귓속말은 주변 학생들에게 따돌림, 차별, 위화감을 줄 수 있으므로 남에게 피해를 주는 행동으로 금지해야 합니다. 인스타그램이나 페이스북과 같은 SNS에는 남을 욕하거나 저격하는 글이 올라올 가능성이 크고, 불특정 다수가 이를 볼 수 있어 명예훼손에 해당합니다. 이와 더불어 초등학생은 법적으로 해당 플랫폼에 가입할 수 없다는 점도 학기 초에 강조하여 지도합니다.

 욕설이나 성적인 발언 역시 남에게 피해를 주는 행동이므로 지도해야 합니다. 이와 관련해서는 2원칙에서 자세하게 설명해 두었습니다.

## 단단 마인드 : 4월의 마음가짐

4월이라면, 3월 한 달 겨우 버티고 맞이한 달입니다. 5월 연휴가 오기 전까지 가장 정신적으로나 체력적으로 힘든 달입니다. 이때 다시 처음으로 되돌아가 보겠습니다.

남에게 피해 주지 않기(일명 '남피')를 가르칠 때 선생님도 쿨해질 필요가 있고 관성처럼 하던 잔소리를 줄여보자고 말씀드렸습니다. 항상 지적했던 사안들이 정말 남피인지 생각해보자고 했습니다.

하루는 점심시간 끝나고 교실에 들어갔는데 세 명의 여학생들이 사물함 위에 앉아 있었고, 제가 교실로 들어가자 놀라서 바로 내려가더군요. 그리고 수업이 시작되었습니다. 전 아이들에게 물어봤습니다.

 자, 오랜만에 1원칙에 대한 사례를 얘기해보겠습니다. 오늘 점심시간에 사물함 위에 앉아 있는 학생들을 보았습니다. 이것은 남피에 해당할까요? 아닐까요? 생각할 시간 가지겠습니다.

그럼 손을 들어볼게요. (해당한다(2/3) 아니다(1/3))

이 상황에 대한 정답은 남피는 아니나 조건이 따른다는 것입니다. 만약 그 친구들이 사물함 위에 앉아 발로 사물함을 차며 시끄러운 소리를 내거나 지나가는 학생이 발에 맞으면 남피입니다. 또는 뒤에 작품이 붙어있는데 기대어 앉아 망가트렸다면 남피입니다.

그러나 그 친구들은 그냥 얌전히 앉아 있었기 때문에 선생님은 쿨하게 지적하지 않았고 아무 말도 하지 않았습니다. 선생님은 여러분들이 천장에 스파이더맨처럼 붙어있어도 남에게 피해 안 주면 지적하거나 혼내지 않습니다. 어떤 행동을 하든 남에게 피해주지 않는 선에서 행동한다면 자유롭게 행동해도 됩니다. 끊임 없이 남에게 피해주는 행동인지 고민하며 생활하길 바랍니다. 그리고 남피가 아니라면 당당하게 행동하길 바랍니다.

한 달이 지나면 아이들의 본성이 나올 뿐 아니라 선생님들도 관성이 스물스물 나올 때입니다. 어쩌면 잔소리를 잔뜩 하고 계실지도 모르겠습니다. 예전의 저라면 사물함위에 앉아 있는 학생들 보자마자 바로 내려오라고 했을 거예요. 아무런 고민 없이 그냥 "내려와라." 했었죠. 하지만 지금은 즉각 지적보단 한 번 더 생각하고, 허공이 아닌 전체 멘트로 이야기를 합니다. 어차피 당장 지적 안 한다고 큰 사고 나는 것도 아니잖아요?

잔소리처럼 허공에 대고 말하지 마시고 보다 논리적으로, 이성적으로 단단하게 멘트를 던지는 습관을 가져 보세요. 선생님께서 체력적으로 힘드시고 여유가 없으시리 때는 말이 먼저 튀어나오기 마련입니다. 그 말은 잔소리일 뿐 아무런 힘이 없습니다.

하지만 전체 앞에서 당당하게 4원칙과 연관지어 말하는 멘트에는 힘이 실립니다. 힘든 4월일수록 정신 바짝 차립시다! 초심을 잃지 맙시다! 4원칙부터 차근차근 다시 되새겨 보세요. 4원칙은 1년 내내 사수해야 합니다. 그리고 고작 1달 지났으니 실망할 필요도 없고 자만해서도 안됩니다. 의연하게 믿고 끝까지 가면 됩니다. 중간에 내려놓으면 실패이지만 지금 어려워도 당연한 듯 끝까지 가기만 하면 성공입니다. 올해가 아니어도 앞으로의 교직 생활을 위해서라도 끝까지 해보세요. 내년 이맘때쯤 그 위력이 느껴지실 거예요.

## 2원칙
## 용기 있게 인정하기
### 문제 발생 영역

2원칙인 '용기 있게 인정하기'는 문제가 발생했을 때 적용하는 원칙입니다. 단순히 도덕 교과서에 나오는 아름다운 교훈이 아니라, 실제로 우리 일상에서 자주 쓰이는 매우 실용적인 규칙입니다. 또한, 제가 개인적으로 가장 큰 효과를 경험한 원칙이기도 합니다.

① **2원칙 설명 멘트**

여러분, 선생님은 여러분이 아직 성장하는 과정에 있는 학생들이라는 점을 잘 알고 있습니다. 그래서 여러분이 잘못을 저지른다 해도 '그럴 수 있다'라고 생각합니다. 선생님의 역할은 여러분을 혼내거나 벌주는 것이 아니라, 바르게 성장할 수 있도록 조언하는 것입니다. 따라서 잘못을 저질러 선생님과 대화할 때는 단 한 가지만 기억하면 됩니다.

'용기 있게 인정하기'

잘못을 인정하는 것은 가장 어려운 일 중 하나이며, 큰 용기가 필요한 일입니다. 어른들조차 자신의 잘못을 인정하는 데 어려움을 느끼곤 합니다. 그래서 인정하지 않고 발뺌만 하는 어른들을 사람들은 '아이보다 못하다'라고 비난하기도 하죠. 그만큼 잘못을 인정하는 것은 쉽지 않지만, 정말 중요한 일입니다.

선생님은 약속합니다. 만약 여러분이 이 어려운 일을 해낸다면, 절대 화내지 않고, 그것을 인정한 용기에 대해 크게 칭찬하며, 잘못된 행동에 대해서는 친절하게 조언해 줄 것입니다. 그리고 이 모든 과정이 빠르게 끝날 거예요.

하지만 만약 끝까지 잘못을 인정하지 않고, 핑계만 대거나 남 탓을 하고, 거짓말까지 한다면 상황은 달라집니다. 선생님은 어떤 방법을 써서라도 진실을 밝혀낼 것이고, 그 과정에서 여러분이 많이 힘들어질 수 있습니다. 학교에는 여러분을 지켜보는 많은 눈이 있습니다. 친구들, 다른 선생님들 그리고 CCTV까지 말이죠. 숨길 수 없을 거예요.

예전에 이런 일이 있었습니다. 누군가 운동장에서 욕을 했다는 제보를 받고, 관련 학생들을 불러 물었는데, 한 학생은 용기 있게 자신의 잘못을 인정해 5분도 안 걸려 지도가 끝났습니다. 하지만 끝까지 아니라고 우기던 학생은 쉬는 시간마다 불려와 지도를 받고, 학교가 끝난 후에는 반성문을 쓰며, 일주일 동안 운동장에 나가지도 못했죠. 나중에 잘못을 인정했지만, 처음부터 인정했다면 훨씬 수월하게 끝날 일이었어요. 5분 만에 끝난 학생에 비하면 얼마나 힘들었을까요?

그러니 꼭 기억하세요. '용기 있게 인정하기'가 먼저입니다.

여러분이 용기 있게 잘못을 인정한다면, 선생님은 언제나 웃으며 여러분이 바르게 성장할 수 있도록 도와줄 따뜻한 선생님이 될 것입니다.

### ② 2원칙, 용기 있게 인정하기의 효과

모든 큰 다툼의 시작은 가해자가 자신의 잘못을 인정하지 않고 변명으로 일관할 때 발생합니다. 잘못을 인정하지 않고 변명하거나 화를 내는 행동은 작은 문제를 크게 키웁니다. 흔히 말하는 '호미로 막을 것을 가래로 막는' 상황이 되는 것이죠. 하지만 잘못을 저지른 사람이 먼저 용기 있게 그것을 인정하면, 피해자의 마음도 쉽게 누그러지며 복잡한 사건이 간단하게 해결됩니다. 따라서 2원칙인 용기 있게 인정하기가 정착되면 다음과 같은 효과를 누릴 수 있습니다.

첫째, 시간과 에너지가 절약됩니다. 보통 다툼이 발생하면, 선생님들은 사건의 경위를 글로 적게 해서 진실을 파악하려고 합니다. 학생들이 변명하거나 거짓말로 상황을 꼬아버리는 일이 많기 때문입니다. 하지만 종이를 나눠주고 쓰게 하며 내용을 검토하는 과정은 생각보다 많은 시간이 소요됩니다. 부족한 부분이 있으면 다시 쓰게 하고, 그 과정에서 실랑이가 벌어질 수도 있습니다. 게다가 시간이 지나면 학생들의 기억이 왜곡되기 쉬워, 사건 해결이 더 어려워질 가능성도 큽니다.

하지만 '용기 있게 인정하기'가 정착되면, 처음부터 솔직히 잘못을 인정하기 때문에 사건이 복잡해질 일이 없습니다. 학기 초부터 꾸준히 지도하면, 습관적으로 핑계를 대는 몇몇 학생을 제외하고는 대부분 이 원칙을 따르며, 시간이 지나면 학급의 거의 모든 학생이 '인정하기의 달인'이 되는 모습을 볼 수 있습니다.

결과적으로, 사건 경위를 파악하고 문제를 해결하는 데 드는 시간과 에너지를 대폭 절약하여 선생님은 다른 중요한 일에 더 집중할 수 있게 됩니다.

둘째, 문제 해결 속도가 빨라집니다. '용기 있게 인정하기'가 학급 문화로 자리 잡으면, 다툼이 발생해도 해결 속도가 눈에 띄게 빨라집니다. 가해자가 자신의 잘못을 용기 있게 인정하면, 피해자의 화도 금방 누그러집니다. 쉬는 시간 10분 안에 사건 해결과 화해까지 이루어지는 일도 흔합니다. 이 과정에서 선생님도 화낼 일이 없습니다. 보통 학생이 끝까지 변명하거나 거짓말을 하면 선생님도 감정이 격해지기 마련인데, 처음부터 잘못을 인정해버리니 평온한 마음으로 차분히 대화를 이어갈 수 있습니다.

결과적으로, 다툼이 길어지지 않으니 학생들 간의 긴장감도 줄어들고, 빠르게 학급 분위기가 안정됩니다.

셋째, 학급 분위기가 개선됩니다. '용기 있게 인정하기'는 단순히 문제를 해결하는 데 그치지 않고, 학생들 간의 관계를 더 돈독하게 만듭니다. 문제가 발생했을 때, 가해자가 솔직히 잘못을 인정하면 피해자 역시 마음을 열고 화해가 더 수월해집니다. 이런 과정을 통해 학생들 사이에 신뢰가 쌓이고, 다툼으로 인해 생길 수 있는 부정적인 감정이 오래 남지 않게 됩니다.

결과적으로, 학급 전체가 평온하고 따뜻한 분위기를 유지할 수 있습니다. 학기 말까지도 학생들 간의 관계가 안정적으로 유지되고, 선생님과 학생 간의 관계도 서로 신뢰를 바탕으로 더욱 긍정적으로 발전합니다.

### ③ 지속적인 2원칙 노출

일상에서 문제 행동을 한 학생이 생겼을 때 다음과 같이 지도합니다.

> 다른 친구에게서 제보가 들어왔습니다. 선생님이 늘 말했듯이, 2원칙인 '용기 있게 인정하기'를 실천한다면 지금처럼 선생님과 평화롭게 대화하면서 문제를 빠르게 해결할 수 있어요. 선생님은 절대 화내거나 혼내지 않겠다고 약속했습니다. 알고 있죠? 엘리베이터를 탔다는 이야기를 들었는데, 용기 있게 인정할 수 있나요?

여기서 학생이 바로 인정을 한다면, 아래와 같이 얘기해 주며 사건을 마무리합니다.

> 인정하는 것은 정말 용기가 필요한 일이고, 가장 어려운 일이라고 했어요. 그런데 ○○이가 그걸 이렇게 쉽게 해내는 걸 보니, 선생님은 ○○이가 정말 바르게 성장할 거라는 확신이 들어요. 정말 훌륭합니다. 이제 인정을 했으니 앞으로는 엘리베이터를 타지 않도록 노력해 봅시다.

쉬는 시간이 끝난 뒤, 학생들에게 무슨 일이 있었는지 간단히 공유하며 2원칙의 중요성을 다시 한번 강조합니다.

> 여러분, 오늘 ○○ 친구가 용기 있게 잘못을 인정해서 선생님이 화내거나 혼낼 일이 전혀 없었고, 문제도 정말 빨리 해결됐습니다. 인정하기는 이렇게 모두를 편하게 만

들어 주는 힘이 있어요. 인정한 친구들에게 큰 박수를 보냅시다.

이처럼 인정하기의 가치를 학급 전체가 공감할 수 있도록 만들어 줍니다. 여러 학생이 관련된 문제 상황에서도 '용기 있게 인정하기'는 빛을 발합니다. 다음은 실제로 있었던 일입니다. 6학년이었던 우리 반 학생들이 운동장에서 욕을 했다는 제보를 받았습니다. 예전이었으면, 해당 학생들을 불러내어 바로 야단을 치거나 벌을 주는 방식으로 지도했을 겁니다. 그러나 4가지 원칙을 적용한 지금은 아래와 같은 방식으로 접근했습니다. 참고로, 욕을 한 학생을 정확히 특정할 수 없었으므로 의심이 가는 몇몇 학생만 따로 부르는 대신, 학급 전체를 대상으로 다음과 같이 말했습니다.

 자! 용기 있게 인정하기 시간입니다. 점심시간에 운동장에서 욕한 학생들이 여러 명 있었다는 이야기를 들었습니다. 사실, 선생님은 누구누구가 욕을 했는지 이미 다 알고 있습니다. 하지만 늘 말했듯이, 용기 있게 인정한다면 큰일이 벌어지지 않을 거예요. 오히려 그 용기는 박수를 받을 일이죠. 선생님은 여러분을 혼내기 위해 있는 사람이 아니라, 더 잘할 수 있도록 도와주는 사람이라는 것을 꼭 기억해 주세요. 그럼 시작해 볼까요? 운동장에서 조금이라도 욕을 한 사람들은 용기 있게 일어나 봅시다!

그 결과는 어땠을까요? 놀랍게도 이 멘트 하나로 12명이 자진해서 우르르 일어섰습니다. 사실 예상보다 많은 수에 순간적으로 당황했지만, 차분하게 다음과 같이 말했습니다.

좋습니다. 우선 욕을 한 것은 잘못이지만, 용기 있게 인정한 것은 정말 훌륭한 일이에요. 일어선 친구들에게 모두 큰 박수를 보내겠습니다. 지금 일어난 학생들은 잠시 복도로 나가 선생님과 대화할게요.

복도로 나가서는 인정한 것에 대해 칭찬하고, 앞으로 욕설은 줄이도록 노력하겠다는 약속을 받습니다. 그러나 행동에 변화가 없다면 다음번에는 이렇게 쉽게 끝나지 않을 것이라는 점도 분명히 이야기하며 지도를 마무리합니다.

## 욕하는 학생에 대한 교사의 마음가짐과 멘트

교사에게 꼭 필요한 소양 중 하나는 통제할 수 있는 것과 없는 것을 명확히 구분하는 것입니다. 그리고 통제할 수 없는 학교 밖이나 가정의 영역에 대해서는 소위 말하는, '흐린 눈'을 하는 태도가 필요합니다. 욕설 지도가 그렇습니다. 교사가 학교에서 아무리 열심히 지도해도 학생들은 방과 후 유튜브나 게임 등에서 자연스럽게 욕설을 배우고 습관화합니다. 게다가 고학년이 되면, 친구들과 어울리려고 어느 정도 욕설을 사용할 수밖에 없는 상황도 생기기 마련입니다. 이런 현실에서 도덕 교과서처럼 "욕은 절대 쓰지 말자."라고 지도하는 것은 비현실적입니다. '밑 빠진 독에 물 붓기'하는 기분도 듭니다. 따라서 현실적인 지도 방향을 제시합니다.

선생님도 어렸을 적 친구들과 욕을 하며 놀았습니다. 지금도 아주 친한 사람들과 대화할 때는 가끔 욕을 섞어 쓸 때도 있어요. 그래서 여러분들이 욕을 하는 것을 충분히 이해합니다.

하지만 선생님이 그렇다고 여러분 앞에서나 다른 선생님들과 대화할 때 욕을 하지는 않죠? 아주 친한 친구들끼리 있을 때 장난으로 욕을 주고받는 것은 문제가 되지 않습니다. 그러나 학교 같은 공공장소에서는 이야기가 달라집니다. 원치 않게 다른 누군가가 그것을 듣고 기분이 상할 수 있기 때문이에요. 그것은 명백히 남에게 피해를 주는 행동입니다.

결론적으로, 친한 친구들과 함께 있을 때, 아무도 들을 수 없는 상황이라면 큰 문제가 되지 않습니다. 하지만 다른 사람이 한 명이라도 욕을 들을 수 있는 장소에서는 삼가야 합니다. 특히, 학교는 좁은 공간에서 수많은 학생과 선생님들이 함께 생활하는 공공장소입니다. 여기에서는 비밀이 있을 수 없다는 점을 꼭 기억하세요. 그러니 학교에서는 욕을 삼가고, 더 신중히 행동해 주세요.

앞서 1원칙에서 단톡방에 대한 지도를 언급한 바 있습니다. 이번에는 이를 2원칙 인정하기와 연결하여 활용한 사례를 소개하겠습니다. 먼저, 이 사례는 실제 사건이 아닌, 학생들에게 교육적인 메시지를 전달하려고 의도적으로 만든 것입니다. 단톡방에 누가 속해 있는지 전혀 모르는 상황에서, 2원칙의 실천과 중요성을 강조하려는 목적으로 아래와 같이 멘트하였습니다.

 학교폭력의 90% 이상이 단톡방에서 발생한다고 했습니다. 그래서 선생님은 단톡방을 절대 허용하지 않겠다고 분명히 말했습니다. 철저하게 금지라고 했죠. 그런데 최근 6학년에서 단톡방 문제가 발생했습니다. 선생님은 여러분 중 누가 단톡방에 있는지도 이미 다 알고 있습니다.

자, 이제 용기 있게 인정할 시간입니다. 늘 말했듯, 여러분은 아직 미성숙한 상태이기 때문에 잘못을 저지를 수 있다고 생각합니다. 선생님은 여러분을 혼내는 사람이 아니라, 바르게 성장하도록 돕는 역할이라고 했죠. 그래서 용기 있게 인정만 한다면 어떤 문제도 생기지 않을 것입니다. 하지만 인정하지 않고 거짓말과 변명으로 일관한다면? 그때는 이야기가 달라지겠죠? 어차피 단톡방은 여러 명이 함께 있는 공간이라, 나만 혼자 인정을 안 하면 금방 들통이 날 겁니다. 자, 현재 단톡방에 속해 있는 학생들, 용기 있게 일어나세요!

작년에 사용했던 멘트인데, 정확히 9명의 학생이 자진해서 일어났습니다. 단톡방을 만든 이유를 차분히 들어보고, 학생들이 직접 핸드폰을 켜서 그곳에서 나가도록 지도했습니다. 물론, 용기 있게 인정한 행동에 대해서는 꼭 칭찬하며 격려를 잊지 않았습니다.

　이렇듯 2원칙을 꾸준히 지도하다 보면, 어느 순간 학생들끼리도 "용기 있게 인정하자."라는 말이 자연스럽게 나올 정도로 학급의 문화로 자리 잡게 됩니다. 인정하기가 당연한 분위기가 형성되니, 반성과 사과도 물 흐르듯 자연스럽게 이루어집니다. 심지어 어른들도 쉽게 하지 못하는 '인정하기'를 실천하면서, 학급의 도덕성은 점점 더 높아지고 성숙한 분위기가 만들어집니다.

### ④ 교사가 노력할 점

　학생이 잘못을 인정하기는 하지만, 같은 행동을 반복하거나 쉽게 고쳐지지 않는 경우가 있습니다. 이런 상황에서 교사는 너무 고민하거나 자책하지 않아야 합니다. 인정하는 것과 행동을 고치는 것은 별개의 문제이며, 혼낸다고 해서 쉽게 나아지는 것도 아닙니다. 한 학생과의 경험을 통해 이 점을 깨달은 적이 있습니다. 1년 내내 혼내고, 어르고, 달래며 온 힘을 쏟아 지도했던 제자가 있었습니다. 하지만 졸업할 때까지도 행동은 나아지지 않았습니다. 그런데 몇 달 뒤 스승의 날에 그 학생이 저를 찾아왔습니다. 놀랍게도 초등학교 시절과는 완전히 달라진 모습으로, 너무나 예의 바른 태도를 보여준 것입니다. 저는 깜짝 놀라서 이렇게 물었습니다.

너 혹시 6학년 때와 지금 모습이 너무 다른 것 알고 있어? 그때 얼마나 선생님 속을 썩였는지는 알지?

 네? 제가요? 그냥 장난 좀 많이 치는 정도 아니었나요?

학생이 웃으며 대답하는데, 그 순간 깨달았습니다. 학생이 변화하려면 스스로 준비가 되어야 하고, 그 준비가 되지 않은 상태에서는 교사의 노력도 한계가 있다는 것을요. 많은 문제 행동은 이미 오랜 시간 꾸중과 잔소리를 들으며 '내성'이 생긴 상태일지도 모릅니다. 이럴 때는 혼낸다고 해서 큰 효과를 기대하기 어렵고, 때로는 시간이 문제를 해결해 준다는 것을 인정해야 합니다.

같은 문제가 반복된다고 해서 "내가 혼을 내지 않아서 그런가?" 혹은 "더 강하게 지도해야 하나?" 하고 자책할 필요는 없습니다. 인정하기는 그것만으로도 충분히 가치 있는 일이며, 행동 교정은 시간이 필요한 경우가 많습니다. 변화는 교사가 억지로 만들어낼 수 있는 것이 아니라, 시간이 흐르면 학생이 자연스럽게 바뀌도록 준비시켜 주는 과정의 결과물입니다. 따라서 행동을 변화시키겠다는 지나친 기대를 내려놓고, 시간을 두며 평온하게 지도할 때 오히려 더 나은 결과를 가져오는 경우가 많습니다. 그래서 이 경우에는 공감 화법을 쓰며 지도합니다.

 선생님도 어릴 적에 너처럼 비슷한 경험이 있었어. 고치고 싶어도 잘 안 되고 답답했던 적이 많았지. 너도 지금 그런 마음이겠지? 잘하고 싶은데 마음처럼 되지 않아서 속상할 거야. 선생님은 너와 똑같은 경험을 했기 때문에 네 마음을 충분히 이해해. 그래서 당장 고치지 못해도 화내거나 혼내지 않고 기다려줄게. 하지만, 아무 변화나 노력도 없이 같은 잘못을 계속 반복한다면, 그건 선생님도 실망할 것 같아. 완벽하게 고치지 않아도 괜찮아. 조금씩이라도 노력하는 모습을 보여준다면, 선생님은 끝까지 너를 믿고 응원할게. 할 수 있겠니?

이런 태도로 접근하니, 과거처럼 실망하거나 화를 낼 일이 줄어들었습니다. 한때는 학생을 변화시키겠다는 지나친 기대 때문에 결과가 좋지 않으면 실망과 미움이 쌓였고, 이는 학급 분위기에도 부정적인 영향을 끼쳤습니다. 스트레스는 주말까지 이어지기도 했습니다.

하지만 기대를 내려놓고 지도하니, 학생과의 관계는 오히려 더 좋아졌습니다. 작은 변화나 노력이라도 보이면 이를 학급 전체에 공유하며 칭찬하고, 모두가 응원하는 분위기를 만들었습니다. 학생들로부터 저에 대한 신뢰가 점점 높아지는 것도 느낄 수 있었습니다. 그 결과, 한 학생의 문제로 인해 어두웠던 교실도 긍정의 에너지로 가득 찬 환한 공간으로 바뀌었습니다.

### ⑤ 주의할 점

학생이 잘못을 인정했을 때 칭찬은 반드시 피해자가 없는 자리에서 이루어져야 합니다. 복도에서 뛰거나 전담 시간에 떠든 것처럼 피해자가 따로 없는 문제라면 공개적으로 칭찬해도 괜찮습니다. 하지만 피해자가 있는 상황에서는, 잘못을 인정한 학생을 칭찬하더라도 가해자가 없는 장소에서 조용히 하는 것이 바람직합니다. 피해자의 입장에서 가해자가 오히려 칭찬받는 모습을 보면 감정이 상할 수 있기 때문입니다. 이는 칭찬의 효과를 살리면서도 피해자의 감정을 배려하기 위한 중요한 태도입니다.

'용기 있게 인정하기' 원칙은 다수의 잘못이 있는 경우에 효과적으로 적용됩니다. 도난 사건처럼 한 명의 잘못이 명확한 상황에서는 전체를 대상으로 멘트를 하면 가해자가 혼자 나서기가 부담스러워 실패할 가능성이 큽니다. 이런 경우에는 1:1 대화로 학생이 편안히 이야기할 수 있는 분위기를 만드는 것이 더 적절합니다. 반면, 다수가 잘못한 상황에서는 전체를 대상으로 멘트를 하여 자발적인 인정을 유도하는 방식이 효과적입니다.

인정하기와 그에 따른 칭찬은 상황에 맞게 적용해야 합니다. 피해자의 감정을 존중하고, 학생이 부담 없이 스스로 잘못을 인정할 수 있도록 돕는 것이 핵심 요점입니다.

### 3원칙
# 손 들고 말하기
**수업 시간 원칙**

   3원칙인 '손 들고 말하기'는 수업 시간에 쓰는 단 하나의 중요한 규칙입니다. 질문과 발문에 대한 답은 물론이고, 교사가 지나가듯 하는 말에도 학생들은 반드시 손을 들고 발언권을 얻어야 합니다. 새 학기 첫 수업에서 가장 먼저 학생들에게 이 원칙을 안내합니다. 저는 수업 중 놀이 활동을 많이 활용하는 교사이지만, 평상시 수업 분위기는 정돈되어 있다는 평가를 자주 받습니다. 이러한 평가의 비결은 바로 단 하나의 원칙, '손 들고 말하기'를 꾸준히 강조해 온 데 있습니다.

#### ① 3원칙 설명 멘트

 선생님의 질문에 손을 들지 않고 바로 대답하게 되면, 빠르게 답을 말하는 학생들 때문에 생각할 시간이 필요한 학생들이 기회를 잃게 됩니다. 이런 상황이 반복되면 결국 느린 학생들은 생각할 의욕마저 잃어버릴 수 있겠죠. 손을 들지 않고 답하는 것은 선생님의 1원칙인 '남에게 피해를 주지 않는 행동'을 어기는 일이 됩니다.

   그러므로 수업 중 선생님이 질문할 때는 반드시 손을 들어 발언권을 얻은 뒤에 대답해야 합니다. 마찬가지로 여러분이 하고 싶은 말이 있을 때도 손을 들고 발언권을 얻어야 말할 수 있습니다. 만약 손을 들지 않고 말한다면, 이는 1원칙과 3원칙을 동시에 어기는 행동임을 명심하길 바랍니다.

이후 수업 중에 일부러 다양한 질문을 던지며 지속적으로 '손 들고 말하기'를 교육합니다. 학생들이 순간적으로 바로 답을 할 수 있는 문제, 예를 들면, 초성퀴즈 등을 활용하며 강조, 또 강조합니다. 특히 생각하는 속도가 느린 학생들에게는 "늦게 손을 들어도 발언권을 얻을 수 있어요. 생각이 나면 뒤늦게라도 손을 들면 됩니다."라는 멘트를 자주 하며 용기를 북돋아 줍니다. 질문을 던진 뒤에는 즉시 손든 학생을 지목하지 않고, 약 10초 정도 기다리며 다음과 같이 안내합니다.

정답이 생각나면 늦어도 괜찮으니 손을 들어보세요. 발표하지 않아도 괜찮습니다. 답을 생각하고 손을 들기만 해도 여러분이 수업에 잘 참여하고 있다는 것을 선생님은 알고 있습니다.

이런 방식으로 모든 학생이 자신감을 가지고 즐겁게 수업에 참여할 수 있도록 돕고 있습니다

### ② 주의할 점

'손 들고 말하기' 원칙을 100% 고수하려는 것은 아닙니다. 수업 중 학생들과 자연스럽게 대화를 주고받는 소위 '티키타카' 상황에서는 이 원칙을

엄격히 적용하지 않습니다. 그러나 대화가 끝나고 다시 수업으로 전환할 때는 "이제부터 손 들고 말하기 원칙을 지키겠습니다."라고 안내하며 다시 원칙을 철저히 적용합니다. 이렇게 하면 학생들에게 지금부터는 다시 규칙을 지켜야 한다는 메시지를 확실히 전달할 수 있죠. 흔히 사용하는 주의 집중법인 '6학년 3반, 짝짝짝!', '집중의 박수를, 짝짝짝!'보다 이 방식이 더 효과적일 수 있습니다.

그리고 상황에 따라 이 원칙을 아예 적용하지 않을 때도 있어요. 미술 시간이나 모둠 활동과 같은 시간에는 이 원칙을 강요하지 않습니다. 이런 활동에서는 학생들이 편안하게 담소를 나누며 작업할 수 있도록 허용합니다. 대신 강의식 수업처럼 교사가 주도적으로 진행하는 상황에서만 '손 들고 말하기' 원칙을 철저히 지킵니다.

### ③ 발표 시도가 줄어들면 어쩌죠?

이 점은 '손 들고 말하기' 원칙을 소개했을 때 동료 교사들이 가장 많이 우려했던 부분입니다. 하지만 경험상 이 원칙을 철저하게 적용했던 학급은 발표율이 항상 높았습니다. 누구나 부담 없이 발표해도 괜찮은 분위기를 형성하는 것이 핵심이기에 손을 들고 안 들고는 중요하지 않습니다. 일부 잘하는 학생들만 손을 드는 분위기라면, 다른 학생들은 발표에 대한 부담을 느낄 수밖에 없겠죠. 반대로, 너도나도 자연스럽게 손을 드는 분위기라면 '나도 해 볼까?' 하는 마음이 저절로 생깁니다.

그래서 학기 초부터 참여형 수업을 집중적으로 투입하며 학생들끼리 편하게 말할 수 있는 분위기를 형성하고자 노력합니다. 초반에는 의도적으로 쉬운 초성퀴즈 등을 활용하며 학생들이 쉽게 손을 들 수 있도록 돕습니다. 이런 과정을 통해 학생들은 발표에 대한 자신감을 키우고, 학급 전체에는 발표에 활발히 참여하는 분위기가 만들어집니다.

## 4원칙
## 아침 시간 조용히
### 아침 시간 원칙

　이는 모든 선생님이 딱 1년만 실천해 보았으면 하는 원칙입니다. 작년에 단톡방을 운영하면서 동료 교사들로부터 가장 많은 성공 후기를 받은 원칙이기도 합니다.

　아침 시간 원칙의 핵심은 간단합니다. 교실에 들어오는 순간부터 마치 도서관에 온 것처럼 학생들이 조용히 책을 읽거나, 멍을 때리거나, 학원 숙제를 하는 등 하고 싶은 일을 자유롭게 할 수 있도록 하는 것입니다. 단, 말을 하는 것은 금지입니다.

　경력이 많지 않던 시절, 아침 시간을 활용해 다양한 활동을 시도했습니다. 당시 등교 시간은 8시 30분이었고 수업은 9시에 시작됐습니다. 그사이 주제 글쓰기, 일기 쓰기, 책 읽기, 학습지 풀기 등 여러 활동을 진행했죠. 그러나 약 7~8년 동안 시도해 본 결과, 다음과 같은 문제들을 겪었습니다.

- 잘하는 학생들은 잘하지만, 안 하는 학생들과 실랑이를 벌이며 아침부터 부정적인 에너지를 소모하게 된다.
- 아침 활동을 하느라 정작 1교시 수업 준비가 소홀해지고, 수업 중 자꾸 빈틈이 생기면서 그 틈을 놓치지 않는 아이들 때문에 잔소리하거나 화를 내며 하루를 시작하게 된다.

- 속도가 빠른 학생들의 "다 했는데 이제 뭐 해요?" 같은 질문이 매일 반복된다.
- 속도가 느린 학생들을 쉬는 시간이나 방과 후에까지 남겨서 과제를 시키느라 진이 빠진다.

어느 날 문득 이런 생각이 들었습니다.

'교사가 가장 초점을 두어야 할 일은 수업과 생활 지도인데, 왜 정규 교육과정에도 없는 아침 시간에 이렇게 많은 에너지를 쏟고 있을까? 아침 시간을 평온히 보내고, 수업에 집중할 방법은 없을까?' 그래서 그날 학생들에게 이렇게 말했습니다.

> 이제부터 아침 시간에 무엇을 시키지 않겠습니다. 책을 읽든 잠을 자든 멍을 때리든 선생님은 여러분들에게 자유를 주겠습니다. 단, 자유를 주는 대신 오늘부터 아침 시간은 마치 도서관처럼 조용해야 하며, 말을 하는 즉시 선생님은 지적할 것입니다. 그렇게 알고 조용히 자유를 즐기기 바랍니다.

처음에는 습관처럼 인사하며 들어오는 아이들, 말하는 아이들 때문에 지적할 일이 많았습니다. 하지만 말을 하는 순간 바로 지적하고 정적이 흐르도록 만들었더니 점차 쉽게 말을 꺼낼 수 없는 장벽이 형성되는 것이 느껴졌습니다. 그렇게 초기에 매 순간 놓치지 않고 말소리가 나올 때마다 규칙을 강조하기를 일주일, 결국 아침 시간에는 적막이 흐르게 되었고, 학생들은 말을 체념한 채 각자 자기 할 일을 하며 시간을 보내기 시작했습니다.

사실 대부분은 그냥 멍하게 있습니다. 그래서 "심심하지 않니?"라고 물어보면, 오히려 "지금이 좋아요."라고 답합니다. 요즘처럼 방학 후 학원과 스마트 기기 사이를 오가며 쉴 틈 없이 바쁜 학생들에게는 이런 멍하니 아무것도 하지 않는 시간이 어쩌면 꼭 필요할지도 모릅니다. 그러는 동안 뇌는 휴식하고 새로운 에너지를 얻게 되니까요.

'아침 시간 조용히'를 사수한 뒤로 이렇게 달라졌습니다.

- 아침부터 학생들과 부정적인 에너지를 소모할 일이 없어지고 수업에 온전히 집중할 수 있게 된다.
- 아침 시간에 여유롭게 수업 준비를 하거나 밀린 업무를 처리할 수 있는 시간이 생긴다.
- 어제의 어수선했던 분위기가 새롭게 정리되고 하루를 새로 시작하는 기분이 든다.
- 아침 시간이 평온하니 1교시 수업 전 어떤 말을 해도 분위기가 바로 잡히고 힘이 실린다.
- 학생들이 아침에 충분히 쉬면서 수업 집중력이 눈에 띄게 향상된다.

모두가 교사의 핵심은 수업이라고 말하지만, 정작 수업 외적인 일에 관성처럼 에너지를 쏟고 있지는 않은지 고민해 보셨으면 합니다. 아침 시간 조용히 원칙을 몇 년간 실천하면서 단 한 번도 실패한 적이 없었습니다. 이제는 이 규칙이 없으면 교직 생활을 이어가기 어려울 정도로 큰 도움을 받고 있습니다. 한 번쯤 꼭 시도해 보시길 추천합니다.


### ① 학기 초에만 단호하게 강조하면 끝

이 원칙은 학기 초, 특히 첫 주만 확실히 지도하면 1년 내내 사수하기가 쉬워집니다. 처음에는 수다를 떨거나, 자리에 앉자마자 뒤돌아 이야기를 나누는 학생이 분명 있을 겁니다. 이럴 때 조용히 다가가 원칙을 다시 상기시켜 줍니다. 만약 그럼에도 불구하고 말하는 학생이 있다면, 진지하게 밖으로 불러 이렇게 말합니다.

> 선생님은 이 원칙을 절대 포기할 생각이 없습니다. 만약 계속 말을 한다면, 그때마다 선생님이 이렇게 불러내서 다시 지적할 겁니다. 아침 시간은 조용히 자기 할 일 하도록 합시다.

새 학기 처음 첫 번째 주만큼은 선생님도 절대 자리를 비우지 않고, 아침 시간의 조용함을 지키기 위해 최대한 노력합니다. 조금의 틈도 허용하지 않고, 말소리가 들리는 즉시 반응해 주시면, 1년 내내 아침 시간의 효과를 온전히 누릴 수 있게 됩니다.

### ② 밀당 멘트 적극 활용

학생들에게 선생님이 단지 요구만 하는 것이 아니라, 상호 신뢰와 자유를 주고 있다는 점을 확실히 알려야 합니다. 기브 앤 테이크(give and take)의 관점에서 다음과 같은 '밀당' 멘트를 활용합니다.

> 원래 아침 시간에 선생님은 글쓰기, 한자 외우기, 책 읽기 등 여러 과제를 내주곤 했습니다. 그리고 정해진 시간 안에 끝내지 못하면 쉬는 시간이나 점심시간, 때로는 방과 후까지 남아서 다 끝내고 집에 가게 했죠. 하지만 여러분에게는 그런 과제를 내지 않고 대신 자유를 줬습니다. 멍하니 있어도 되고, 잠깐 한숨 자도 괜찮습니다. 단, 말을 하지 않는다는 조건만 지키면 됩니다.
> 선생님이 이렇게 자유롭고 편안한 시간을 만들어 줬는데도, 굳이 이 짧은 시간에 말을 해서 평화를 깨는 학생이 있다면 선생님도 다시 예전 방식으로 돌아갈 수밖에 없습니다. 다시 아침마다 많은 양의 과제를 내고, 끝내지 못하면 남아서 끝까지 다 하고 집에 가게 할 겁니다. 그러니 지금의 자유로운 시간을 소중히 여기고 선생님의 원칙을 잘 지키도록 합시다.

### ③ 예외 없이 아침 시간 사수하기

원칙에는 예외가 없어야 합니다. 아침 시간 조용히 원칙도 마찬가지입니다. 체험학습을 하는 날이든, 운동회 날이든, 특별한 날이라도 아침 시간은 항상 조용해야 합니다. 예외를 허용하면 허용할수록 규칙의 일관성은 약해질 수밖에 없습니다. 스승의 날을 앞두고 있던 어떤 월요일, 저는 학생들에게 이렇게 말했습니다.

> 이번 주 수요일은 쉬는 날이면서 스승의 날이기도 합니다. 어떤 학생들은 스승의 날이라고 아침 일찍 학교에 와서 깜짝 파티를 준비하곤 합니다. 칠판을 꾸미고, 풍선을 붙이고, 케이크를 준비해 선생님을 축하하려는 마음은 정말 고맙습니다. 하지만 아쉽게도 그 행동은 선생님의 원칙을 어기는 것이기 때문에 금지합니다.
>
> 선생님은 이런 이벤트성 축하보다 평소에 학급과 선생님을 위해 조금씩 노력하는, 화려하지 않지만 평범한 학생들이 훨씬 좋습니다. 정말로 스승의 날을 의미 있게 보내고 싶다면, 그날도 평소처럼 아침 시간에 조용히 자기 할 일을 하면 됩니다. 여러분이 선생님의 원칙을 지키는 것만으로도 선생님은 충분히 고맙고 기쁜 마음을 느낍니다.

체육대회 날, 현장학습 날, 심지어 종업식과 졸업식 같은 특별한 날에도 저는 아침 시간을 평소와 다르지 않게 유지하려고 합니다. 규칙은 예외 없이 일관되게 적용될 때 비로소 무게가 실리기 때문입니다.

### ④ 많이 받은 질문

**Q** 교실에 들어올 때 말을 못 하면 인사는 어떻게 하나요?

**A** 이 질문을 종종 받습니다. 저는 "눈인사하면 됩니다"라고 안내합니

다. 큰 소리로 인사하며 들어오는 학생에게는 따로 불러 이렇게 설명합니다.

> 도서관에서 반가운 친구를 만났다고 큰 소리로 인사하지 않죠? 극장에서도 마찬가지입니다. 그런 때는 목례하거나 눈빛으로 인사하면 됩니다. 상황에 맞는 예절을 지킬 수 있도록 해요.

**Q** 교실에 바로 들어오지 않고 배회하다가 등교 시간에 맞춰 들어오는 학생은 어떻게 하나요?

**A** 복도에서 시끄럽게 떠드는 등 남에게 피해를 주는 행동만 하지 않는다면 신경 쓰지 않아도 됩니다. 원래 등교 시간이 8시 50분이라면 그 전에 학교에 오지 않는 학생도 있는데, 일찍 왔다고 해서 꼭 교실에 있어야 하는 것은 아니니까요. 학생들은 도서관에 가거나 운동장에 있어도 됩니다. 중요한 건 타인에게 피해를 주지 않는 것입니다.

**Q** 선생님이 자리를 비울 때마다 소란스러워지는 경우는 어떻게 하나요?

**A** 사실, 선생님이 없는 상황에서도 '아침 시간 조용히'를 잘 지키는 학생들은 정말 훌륭한 아이들입니다. 하지만 현실적으로 쉽지 않죠. 그래서 학기 초에는 선생님이 최대한 자리를 비우지 않고 분위기를 잡아주는 것이 중요합니다. 그리고 밀당 멘트를 활용해 원칙의 중요성

을 계속 강조하는 것이 효과적입니다. 만약 선생님이 자리를 비운 동안에 말하더라도, 돌아왔을 때 바로 조용해진다면 그것으로 충분합니다.

# 04
# 4가지 원칙 중심으로 교실환경 꾸미기

새 학기 교실 환경을 꾸밀 때도 4가지 원칙을 가장 눈에 잘 띄는 곳에 배치합니다. 앞쪽은 물론, 뒤판에 붙일 학생들의 작품도 4가지 원칙과 관련된 내용으로 꾸며 일관성을 유지합니다.

앞판에는 오직 4가지 원칙과 식단표만 붙입니다. 다른 어떤 것도 붙이지 않습니다.

뒤판에는 아래 예시와 같이 4가지 원칙을 드러낼 수 있는 미술작품을 선정하여 첫 미술 시간에 학생들과 함께 활동 후 게시합니다.

* 인디스쿨-자료실-미술에서 '글귀가 담긴 자화상'을 검색하면 위 자료가 나옵니다.

컴퓨터 바탕화면 또한 4가지 원칙으로 합니다.

　이처럼 새 학기 교실은 학생들이 어디에 시선을 돌려도 4가지 원칙이 보이도록 구성하며, 그 외 다른 규칙은 게시하지 않습니다. 다른 선생님들의 교실을 보며 아쉬웠던 점은 4가지 원칙 외에도 '인사약', '행감바' 등 다른 규칙을 함께 게시한 경우가 많았다는 것입니다. 학생들의 입장에서, 다양한 규칙이 동시에 보이면 그만큼 4가지 원칙의 힘이 분산되어 영향력이 약해집니다.

　앞서 언급했듯 규칙은 단순할수록 학생들에게 강하게 각인됩니다. 4가지 원칙만으로도 충분히 학급을 운영할 수 있으며, 사실 이 4개조차 학생들에게는 쉽지 않은 도전입니다. 욕심을 버리고 4가지 원칙만 집중적으로 게시해 보시면 좋겠습니다.

## 단단 마인드 : 여전히 답답하고 화가 난다면

어쩌면 화요일은 원래 그런 날입니다. 손에 잡힐 듯 안 잡히는 학급 운영에 답답함을 느끼고, 화도 나고, 답답해서 저녁까지 고민을 끌고 오게 됩니다.

그런데 단단경영의 핵심은 주도권이지, 문제 아동을 고치는 것이 아닙니다. 한 아이의 문제는 오랜 기간 여러 가지 요인(환경, 가족, 경험, DNA 등)이 복합적으로 작용하며 형성되었을 겁니다. 그것을 단 2주 정도에 바꾸려고 하는 것은 오만에 가까울 것입니다. 1년이 지나도 안 고쳐지는 게 당연하다고 생각을 하세요.

'그래, 넌 또 그러겠지?', '괜찮아. 그럴 것 아니까.', '선생님은 멘탈 안 무너져.' 자세를 유지해 보세요. 그리고, 그 아이는 그대로 두고 우리 반의 주도권만 체크해 보세요.

1. 아침 시간 조용히 유지되나요? 훌륭합니다. 제가 금쪽이라면 아침 시간부터 난리칠 것 같은데요?
   아침 시간 금쪽이 빼고 유지되나요? 훌륭합니다. 금쪽이가 그 난리를 쳐도 나머지 애들 잘 지키는 것이 바로 상향평준화입니다.

2. 선생님이 지적했을 때 인정하고 수긍하나요? 너무 훌륭한 교실입니다. 어른보다 낫습니다. 선생님이 지적했을 때 금쪽이 빼곤 다 인정하고 수긍하나요? 상향평준화로 가고 있습니다. 금쪽이가 설 자리가 줄어들고 있다는 것 명심하세요. 점점 자기 혼자 외로운 싸움을 할 것입니다. 모두가 인정한다고 일어서는데 혼자 안 일어서는 것부터 오히려 힘들어질 겁니다.

3. 선생님이 수업이든 놀이든 진행하면 학생들이 따라오나요? 너무 당연한거지만 이조차 안따라오고 방해만 하는 금쪽이도 많습니다. 선생님 진행에 따라온다는 것, 그것으로도 주도권은 충분히 선생님이 가지고 계신 거예요. 그런 와중에 생기는 자잘한 문제들에 집착하지 마세요.

이 정도 체크했으면 나머지는 선생님의 인내심과 기준선의 문제입니다. 단단경영 단톡방의 무수한 질문에서 제가 대체로 느끼는 것이 있습니다.

'선이 너무 높다. 무슨 큰 사고 난 것도 아닌데 너무 통제하려 하신다.'
'분리해야 될 문제를 끌고 가신다.'
'고칠 수 없는 것을 자꾸 고치려 하신다.'

고작 2주 지났습니다. 놀이 2~3번 하셨나요? 밀당멘트 3~4번 하셨을까요? 한 달도 안 지나서 멘탈이 무너지신다면 어쩌면 어떤 방법으로도 매년 힘드실 수 있습니다.
기억할 건 하나예요. 금쪽이 때문에 이 황금 같은 저녁을 고민으로 보내는 것이 아니라 금쪽이를 제외한 나머지 선량하고 착하고 천사 같은 아이들을 생각해 주세요. 어떻게 하면 내가 이 아이들의 존재감을 더 살려줄 수 있을까? 고민해 보세요. 단단경영의 궁극적 목표가 상향평준화라는 것을 기억해 주세요. 저도 2년 전 만난 최고 금쪽이는 1년 내내 변화시키지 못했습니다. 더 거슬러 가면 저연차 때 축구부 아이들에게 화도 많이 내고 벌도 주고 했지만 변화시키지 못했습니다. 그런 아이들을 변화시킨 건 다름 아닌 '시간'이었습니다. 중학생이 되니 귀신같이 달라져서 인사하러 오더군요.
선생님은 그 아이의 가장 힘든 성장기에 잠깐 곁에 있는 것입니다. 고쳐 내려고 하지 말고 좋은 멘토 역할에 충실하시기를 바랍니다. 그것으로 정말로 충분합니다.
내일은 예쁜 아이들을 더 바라보려 노력해 보세요! 우리의 금쪽이가 난리를 칠 때, 다른 아이들을 둘러보세요. 얼마나 착하게 앉아 있는지를요.

# CHAPTER 2.

# 단단경영, 제대로 실천해 볼까요?

# 학급경영 주도권 잡기

　　　　학급경영의 핵심은 교사의 주도권입니다. 교사가 학급을 주도적으로 이끌어가면 어떤 방식으로 운영하든 학생들은 따라오게 됩니다. 반면, 교사가 주도권을 잃고 학생들에게 끌려다니기 시작하면 아무리 훌륭한 방법을 사용해도 학급경영은 실패할 가능성이 큽니다. 교사는 학급에서 유일한 성인이자 리더입니다. 그 리더의 주도권이 약해지면 학급은 점점 방향을 잃고 어수선해질 수밖에 없습니다.

　교사의 주도권은 단순히 권위를 내세우는 것이 아닙니다. 그것은 교사가 의도한 학급경영이나 수업, 그 외 활동에서 그 누구도 교사의 선(기준)을 넘지 않도록 하는 것을 의미합니다. 예를 들어, 선생님이 준비한 수업이나 학급 특색 활동을 할 때 "이거 왜 해야 해요?", "안 하면 안 돼요?", "아,

재미없어.", "이거 말고 체육이나 해요."와 같은 말을 쉽게 내뱉는 학생들이 있을 수 있습니다. 때로는 옆 반과 비교하며 "우리도 옆 반처럼 이거 해요."라고 요구하거나, 학급 규칙에까지 개입하며 "애들 말 안 들으면 벌세워요."라고 말하기도 합니다. 이런 식으로 교사의 권한을 침범하는 상황이 발생할 때, 교사가 당황하거나 학생들의 요구를 쉽게 들어주기 시작하면 학생들은 점점 더 많은 요구를 하게 되고, 결국 학급경영의 주도권을 잃게 됩니다. 이로 인해 학생들의 불만은 오히려 더 커질 수 있습니다.

그렇다면 교사의 주도권을 단단히 하기 위해 무엇이 필요할까요?

저는 '단호함'과 '기브 앤 테이크', 이 두 가지를 중요하게 생각합니다. 필요할 때는 단호하게 밀어내며 학생들의 지나친 요구를 막아야 하고, 때로는 학생들이 좋아하는 활동을 제공하며 적절히 당길 줄 아는 태도가 중요합니다. 이때 중요한 점은, 단순히 당기는 것에 그치지 않고 학생들에게 필요한 것을 요구하며 밀고 당기기의 균형을 유지하는 것입니다. 이렇게 단호함과 기브 앤 테이크가 서로 선순환 구조를 이루게 되면, 학급경영에서 교사의 주도권은 더욱 견고해질 수 있습니다.

# 1
## 교사의 단호한 언어
선을 넘는 말 대하는 법

교사는 학생들이 선을 넘는 행동에 대해 명확하게 지도할 필요가 있습니다. 여기서 말하는 '선'이란 예의를 벗어난 태도가 아니라, 교사의 영역을 침범하는 말이나 행동을 뜻합니다. 아래는 선을 넘는 말의 예시입니다.

**교사의 수업권 침해**
- "다음 시간 뭐 해요?"
- "창체 시간에 뭐 해요?"
- "아, 또 학습지!"
- "이거 말고 가가볼 하면 안 돼요?"

**교사의 생활지도 침해**
- 습관성 고자질
- "선생님, ○○ 혼내 주세요."
- "선생님, 잘못한 애들 남겨서 청소시켜요."

**교사의 학급경영 침해**
- "선생님, 다른 반은 이런 거 한다는데 우리도 하면 안 돼요?"
- "우리 반 규칙에 ○○○ 넣어요. ◇◇◇ 바꿔요."
- "이 규칙 안 하면 안 돼요?"

이런 말들은 겉으로는 별것 아닌 것처럼 보일 수 있지만, 사실은 교사의 권한을 침범한 것입니다. 이런 언행을 그대로 놔두면 학생들은 점점 더 선을 넘게 되고, 교사는 학생들의 요구에 끌려다니며 학급경영의 주도권을 잃게 됩니다. 심지어 학생들은 처음에는 자신들의 요구를 잘 들어준다고 여겼던 교사에게도 점점 불만을 가지게 됩니다.

그러나 사실, 학생들도 어디까지가 선인지 몰라서 이것저것 묻는 것입니다. 교사가 명확하게 선을 정해 주면, 교사뿐 아니라 학생들도 오히려 안정감을 느낄 수 있습니다. 이를 위해 학기 초에 아래와 같이 설명하며 약속을 합니다.

버스 기사님이 운전 중인데, 옆에서 "이 길로 가는 게 더 빨라요.", "기사님, 좀 천천히 가요.", "다시 가던 대로 가 주세요."라며 이것저것 참견한다면 어떻게 될까요? 기사님이 제대로 운전하기 어렵겠죠. 결국, 사고가 날 가능성이 커질 겁니다.

이와 마찬가지로 선생님이 학급을 운영하는 데 "이렇게 해요.", "저렇게 해요."라며 계속 선을 넘는 말을 한다면, 선생님도 힘들고 우리 반 학생들도 불안정하게 생활할 수밖에 없습니다. 이는 선생님의 1원칙인 '남에게 피해 주지 않기'를 어기는 행동입니다. 선생님뿐만 아니라 우리 반 전체에 피해를 주는 행동이죠.

선생님은 우리 반의 안전을 위해 이런 말들을 절대 들어주지 않을 겁니다. 그런 행동은 선을 넘는 무례한 행동으로 간주하며, 단호하게 지도할 것입니다. 학급 친구들을 위험에 빠뜨리는 행동은 그냥 넘어갈 수 없으니까요.

하지만 선생님은 현명한 우리 반 학생들이 선생님을 믿고 따라줄 거라고 믿습니다.

혹시 실수로라도 선을 넘는 말을 했다면 선생님이 "선!"이라고 한마디만 해도 바로 '내가 선을 넘었구나.'라고 깨닫고 멈출 줄 알 거로 생각합니다. 따라 해 볼까요? 선!

그 후로 교사가 결정해야 할 문제에 학생들이 선을 넘는 경우, 단호하게 "선!" 한마디만 해도 학생들은 더는 대꾸하지 않고 자연스럽게 멈추게 됩니다. 시간이 지나면 교사가 굳이 말하지 않아도 학생들끼리 "그거 선 넘는 거야."라며 원칙을 지키는 분위기가 형성됩니다.

학급 규칙도, 교사에 대한 태도도, 교사가 명확하게 선을 정해 줄수록 학생들은 더 큰 안정감을 느끼며, 교사에 대한 신뢰 또한 깊어집니다.

## ② 기브 앤 테이크

리더는 요구만 하는 사람이 아니라, 베풀 줄도 알아야 합니다. 요즘처럼 교사의 권위가 약화된 시대에는 더욱 그렇습니다. 과거에는 교사의 권위가 강했고, 학생들이 복종하는 것이 당연했습니다. 그 때문에 교사가 굳이 베풀지 않아도 주도권을 잃을 걱정이 없었죠. 그러나 현재는 교사의 권위에만 의존하기 어려우므로, 현명한 리더십이 필요합니다.

요구만 하지 않고 베풀려면 당근이 필요합니다. 저는 그 당근으로 교실놀이를 활용합니다. 사실 놀이를 좋아해서 놀이 유튜브를 운영하게 된 것은 아닙니다. 단단한 학급운영을 추구하다 보니 당근이 필요했고, 가장 가성비 좋고 간편한 것을 찾다 보니 놀이가 최적의 선택이었습니다. 준비물도 필요 없고, 이동할 필요도 없이 교실에서 바로 할 수 있는 교실놀이. 게다가 학생들이 놀이 때문에 학교에 오고 싶다고 말할 정도로 열광하니, 이보다 좋은 당근은 없었습니다. 따라서 놀이를 잘 활용하지 않았던 선생님이라면 이번 기회에 놀이를 학급경영의 무기로 삼아 보시길 추천합니다.

2024년에는 1,400명의 선생님이 함께한 '단단한 학급경영' 단톡방에서 매주 1개 이상의 놀이를 추천하였습니다. 처음에는 한 달에 한 번 놀이할까 말까 했던 선생님들도 제안한 대로 매주 놀이를 진행하셨고, 나중에는 그 효과에 놀라 스스로 놀이를 찾아서 할 정도였습니다. (놀이 추천 및 영상 링크는 155쪽 '주별 교실놀이 루틴'에 자세히 안내해 두었습니다.)

저는 주당 약 1.5회 정도 교실놀이를 합니다. 주로 금요일 마지막 교시를 창체 시간으로 활용해 놀이를 진행합니다. 다만, 학생들에게 "이 시간에 무조건 놀이를 한다."라고 말하지는 않습니다. 대신 이 시간은 인성교육 시간이며 학습지, 독서, 영상 시청 등 다양한 활동을 하고 놀이도 그중 하나라고 안내합니다. 그리고 일주일간 기브 앤 테이크의 논리로 학생들과 밀당을 합니다. 그리고 주말 전 마지막 시간에 학생들이 잘했든 못했든 교실놀이를 하며 마무리합니다.

먼저, 새 학기 주간에 의도적으로 놀이를 합니다.

> 선생님은 언제든 여러분에게 놀이 시간을 줄 수 있습니다. 사실 마음만 먹으면 매주 1시간 이상도 줄 수 있는 능력자 선생님이에요. 단! 모든 제자가 그렇게 놀이하도록 하지 않습니다. 선생님이 강조하는 것을 완벽하지 않아도 지키려는 모습을 보여줄 때만 놀이할 수 있습니다. 다시 말해, 놀이는 당연한 게 아닙니다. 여러분도 학급을 위해 선생님이 강조하는 원칙을 지켜야 합니다. 그런데 선생님이 강조하는 게 많지 않죠? 맞아요, 바로 원칙 4가지뿐입니다. 남에게 피해를 주는 행동이 줄어들수록, 잘못을 용기 있게 인정할수록, 수업 중 손 들고 말하려고 노력할수록, 아침 시간을 조용히 보내며 자기 할 일을 할수록 우리 반은 더 행복한 학급이 될 겁니다. 모두 함께 노력해야겠죠?

월요일부터 금요일 마지막 시간이 되기 전까지 놀이라는 당근으로 학생들과 밀당하며 4가지 원칙을 잘 지키도록 독려합니다. 4가지 원칙을 잘 지켰다면 학생들과의 약속을 지키며 놀이를 합니다. 완벽하게 지키지 못했더라도 노력한 학생들이 많이 있기에 상향평준화를 목표로 약속을 지키며 놀이를 진행합니다. 다음은 4가지 원칙 성과에 따라 달라지는 멘트의 예시입니다.

### ○ 만족스러울 때 하는 멘트

 여러분이 4가지 원칙을 지키기 위해 노력하고 있다는 것을 선생님은 잘 알고 있습니다. 이번 주 내내 그런 모습들이 많이 보였고, 모두 꼼꼼히 관찰하고 기록해 왔습니다. 그래서 선생님이 교직 생활 최초로 3월 첫 주부터 오늘 6교시에 1시간 동안 놀이 시간을 줄까 고민 중입니다. 원래는 수학 문제를 풀 계획이었지만, 여러분이 4가지 원칙을 지키려고 애쓰는 모습에 감명을 받았기 때문입니다.

하지만 아직 결정된 것은 아닙니다. 오늘 5교시까지 평소보다 더 노력해서 4가지 원칙을 잘 지킨다면, 6교시 수업을 여러분이 좋아하는 놀이 시간으로 바꿀 생각입니다.

그러니 오늘은 어제보다 더 4가지 원칙을 잘 지켜 주길 바랍니다. 오늘 5교시 이후에 선생님은 최종 결정을 내리고 6교시 시작과 함께 그 결과를 알려주겠습니다.

## ○ 불만족스러울 때 하는 멘트

첫 주의 4일간 여러분의 4가지 원칙을 지키는 태도는 솔직히 만족스럽지 않았습니다. 선생님이 잔소리하지는 않았지만, 언제나 여러분이 얼마나 4가지 원칙을 잘 지키려고 노력하는지 꼼꼼히 관찰하고 있었습니다. 그러나 아쉽게도 선생님의 기대에는 미치지 못했어요.

하지만 선생님은 1년 내내 4가지 원칙을 끝까지 포기하지 않을 것이고, 이제 시작이니만큼 여러분에게 기회를 충분히 주고 싶습니다. 오늘 마지막 교시는 창체 시간이자 인성교육 시간입니다. 선생님은 이 시간에 할 놀이와 인성교육 학습지 두 가지를 준비해 두었습니다.

만약 오늘도 4가지 원칙을 지키는 태도가 이전과 달라지지 않는다면, 마지막 시간은 학습지 활동으로 진행할 것입니다. 반대로 어제보다 훨씬 노력하는 모습을 보여준다면, 여러분이 좋아하는 놀이로 바꿀 생각입니다.

선생님은 여러분이 완벽하게 4가지 원칙을 지키기를 기대하지 않습니다. 조금 부족하더라도 서로를 탓하지 않고 응원하며 다 함께 노력하는 모습을 보여준다면 충분합니다. 오늘 하루는 서로 격려하며 4가지 원칙을 지키고, 즐겁게 6교시를 보낼 수 있길 바랍니다.

성과가 만족스럽든 그렇지 않든 어쨌든 놀이를 합니다. 예외 없이 매주 금요일은 놀이로 마무리합니다. 처음에 제가 이런 방식으로 연수를 진행했을 때, 많은 선생님이 의아해하였습니다.

"선생님, 그렇게 잘하든 못하든 놀이를 시키면 학생들이 '어차피 놀이하니까 4가지 원칙을 지키지 않아도 돼.'라고 생각하지 않을까요?"

이 생각이 혹시 눈앞의 나무에 시선이 머물러서 드는 생각이라면, 숲을 보는 관점으로는 어떻게 생각해 볼 수 있을까요?

학생들이 주당 1시간의 놀이가 과연 충분하다고 느낄까요? 학생들은 일주일 동안 적어도 27시간 이상의 수업을 받습니다. 그리고 학교가 끝난 뒤에도 학원에서 또 수업을 듣고, 집에 돌아와 숙제와 공부를 하느라 녹초가 됩니다.

교사 입장에서는 주당 1시간의 놀이를 허용하는 것이 큰 결심처럼 느껴질 수 있습니다. 하지만 학생들에게 그것은 일주일 중 단 한 시간일 뿐입니다. 친구들과 신나게 어울릴 수 있는 소중한 시간. 제가 어렸을 때는 방과 후에 친구들과 놀이터에서 삼삼오오 모여 매일같이 시간을 보낼 수 있었습니다. 하지만 요즘 학생들에게는 그런 시간이 거의 없습니다. 심지어 주당 1시간도 누리기 어려운 환경이죠. 그 한 시간조차 허용하지 않기보다는, 이 시간을 기회로 삼아 학급경영의 동력으로 활용하는 것이 훨씬 현명한 선택입니다.

'여러분들이 이번 주에 잘 지키지 못했지만 노력한 학생들이 많았고 앞으로 더 잘 지킬 것'이라는 기대를 담아, 관대하게 놀이를 진행하겠다는 식으로 멘트를 해보세요. 대부분의 학생들은 '어차피 놀이를 시켜주니까 대충해야지.'라고 생각하지 않습니다. 오히려 대부분 감사하는 마음을 가지고, 다음에는 더 원칙을 잘 지켜야겠다고 다짐합니다.

기브 앤 테이크의 밀당이 반복되면 학생들은 선생님에 대한 신뢰와 충성심이 깊어지고, 결국 교사의 주도권은 더욱 강해집니다.

작년에 운영했던 단톡방에서는 "이번 주는 학생들이 정말 엉망이라 놀이를 하지 않아야겠다."라고 말씀하시는 선생님들이 꽤 많았습니다. 그래서 얼마나 엉망이었는지, 상황을 자세히 물어보니 공통점이 있었습니다. 따라서 다음과 같은 해결책을 제시하게 되었습니다.

첫째, 소수의 문제를 전체로 확장하지 말아야 합니다.
문제는 대부분 몇몇 소수 학생에 의해 발생하였습니다. 단단한 학급경영의 궁극적인 목표는 학급의 상향평준화입니다. 이를 위해 중요한 점은 소수의 문제를 전체의 문제로 끌고 가지 않는 것입니다.

문제를 일으킨 학생들은 따로 개별적으로 지도하면 됩니다. 대다수의 다른 학생들에게 불이익을 줄 이유는 전혀 없습니다. 오히려 늘 4가지 원칙을 잘 지키는 학생들을 "이 학생들 덕분에 이번 주에도 놀이하게 되었다."라며 더 치켜세워야 합니다. 잘하는 학생들을 더 잘하도록 독려하고, 평범한 학생들을 잘하는 쪽으로 이끄는 과정에서 문제를 일으키는 학생들은 자연스럽게 설 자리를 잃게 됩니다. 이것이 바로 상향평준화의 핵심입니다. 따라서 잘하는 학생들을 더욱 잘하게 만들기 위해서라도 놀이는 방침대로 진행해야 합니다.

다음은 토드 휘태커Todd Whitaker의 저서 <훌륭한 교사는 무엇이 다른가 What Great Teachers Do Differently>에서 발췌한 문장으로, 학급의 상향평준화를 바라는 교사가 늘 가슴에 담고 있어야 할 격언입니다.

'서투른 교사는 나를 따르지 않는 한두 명의 학생에게 집중하고,
**훌륭한 교사는 나를 따르는 더 많은 학생에게 집중한다.**
종종 서투른 교사는 나를 따르지 않는 한두 명의 학생 때문에
모든 학생을 날 선 칼 위에 서 있는 긴장 속에 살아가게 한다.'

둘째, 문제 행동에 대한 기준선을 낮추어야 합니다.

문제 행동에 대한 기준선을 낮추는 태도는 단단한 학급경영을 위한 중요한 소양이라고 생각합니다. 같은 학생의 문제 행동이라도, 교사마다 기준선에 따라 다르게 대응합니다. 어떤 교사는 화를 내며 지도하는 반면, 다른 교사는 여유롭게 웃으며 지도합니다. 마치 "네가 그럴 거라고 이미 예상했다."라며 모든 것을 꿰뚫어 보는 여유로운 표정으로 지도하면, 화를 내며 지도하는 것보다 오히려 상하 관계를 수월하게 정립할 수 있습니다. 소위 "너와 내가 위치가 다르다."라는 것을 자연스럽게 보여주는 것입니다.

여유로운 교사들은 대부분 더 심각한 문제를 가진 학생들을 많이 만나봤기 때문에, 문제 행동에 대한 기준선이 낮아진 경우가 많습니다. 웬만한 문제 행동은 "그럴 수 있지."라고 생각하며 차분하게 대처하게 되죠.

따라서 문제 행동에 대한 기준선을 의도적으로 낮추는 노력은 교사의

정신 건강 유지에 큰 도움이 됩니다. 그리고 교사의 주도권을 강화하며 단단한 학급을 운영하는 데도 긍정적인 영향을 줍니다. 경력이 짧아 기준선을 찾기 어렵다면, 교사 커뮤니티의 고민 글을 정독하거나, 동료 교사들의 이야기를 귀담아들으며 기준선을 조정하는 것도 좋은 방법입니다. 예전에 제가 깨달음을 얻고 썼던 글을 공유하며 마칩니다.

## 아이들이라는 세계에 적응하기

교사가 된 지 얼마 되지 않았을 때, 아이들에게 짜증 내는 일이 많았다. '이 정도는 할 수 있겠지.'라고 생각했는데 아예 못하는 경우, 또는 어떻게 저런 행동을 할 수 있을까 하는 생각이 들 때 나도 모르게 버럭 화를 냈던 것 같다. 그러다 미성숙한 아이들에게 성인이 화를 냈다는 자괴감이 들면서, 교직이 내 성격과 맞지 않는다는 생각을 많이 하게 되었다. 그런데 어느 때부턴가 점점 아이들에게 짜증 내는 순간들이 줄어들더니 요즘 몇 년간은 손에 꼽을 정도로 그 횟수가 줄었다. 올해는 단 한 번도 짜증을 내지 않고도 학급이 잘 운영되고 있다.

아이들을 잘 만나서일까?

학급을 이끄는 능력이 일취월장해서일까?

나는 그 이유를 경험에서 찾는다. 신규 때는 아이들의 세계를 책으로만 배운 상태에서 갑자기 맞닥뜨리기 때문에 하루하루 매 순간이 놀라움과 경악의 연속이다.

하지만 그런 상황들을 계속해서 경험하다 보면 내가 기대하는 선이 점점 낮아지기 시작하고, 그 결과, 좀 더 세심하고 배려심 있게 안내를 하게 된다. '이 정도는 할 수 있겠지.'보다는 '이쯤부터 어려울 테니 더 쉬운 단계부터 안내해야겠다.' 하는 요령도 생긴다. 그렇게 기준을 내리고 아이들을 바라보면 짜증 낼 일도 줄어들고 오히려 칭찬의 빈도가 늘어난다.

'아이들 만나는 것은 복불복이라 경력이 쌓여도 나아지지 않고 똑같다.'

자주 교사 커뮤니티에 보이는 이 말에 나는 동의하지 않는다. 경험을 쌓고 마음이 달라지면 분명 아이들의 세계를 이해하게 된다. 그렇게 이해하고 바라보면 화낼 일은 줄어들고 칭찬할 일은 늘게 된다. 올해 아이들 때문에 힘들었다면 내년에는 기본값을 현재 아이들의 수준으로 설정해 보는 것은 어떨까? 기본값을 내리고 차근차근 지도하면 분명 많은 부분이 달라질 것이다.

## 월밀금당

금요일만 되면 동료 교사들이나 교사 커뮤니티에 하는 말이 있습니다.

"금요일엔 절대 혼내지 마세요."
"어차피 주말 지나면 초기화됩니다."
"흐린 눈 안 하면 선생님만 기분 나빠져요."

월요일에 교사가 방심하면 금요일이 될수록 학생들의 태도가 점점 흐트러지기 마련입니다. 그래서 금요일마다 아이들을 심하게 혼낼 일이 잦았습니다. 돌아보니 이는 득보다 실이 많았습니다. 아니, 득은 거의 없었다고 해도 과언이 아닙니다.

 금요일에 화를 내게 되면, 주말 내내 그 감정에서 벗어나지 못해 불쾌하게 보내게 됩니다. 그런데 정작 혼난 아이들은 금세 잊고 신나게 하교해 주말을 즐겼으며, 월요일엔 아무 일 없었던 듯 초기화되어 똑같은 잘못을 반복하곤 했습니다. 결국, 금요일의 훈육은 효과가 미미하고, 오히려 교사만 부정적인 감정을 고스란히 떠안게 되는 상황이었습니다.

 그러므로 금요일에는 일부러 훈육의 기준선을 낮춰야 합니다. 아이들의 작은 잘못은 '흐린 눈'으로 넘어가고, 대신 규칙을 잘 지키는 학생들을 더 바라보며 칭찬하려 애씁니다. 반대로 월요일에는 학생들이 괜찮아 보여도 의도적으로 더 빡빡하게 생활지도를 하며 분위기를 잡습니다.

 금요일 6교시마다 놀이를 하는 이유는 이 때문이기도 합니다. 작년 단톡방을 운영하면서 매주 금요일 마지막 시간에 할 놀이를 추천했었고 놀이를 많이 해보지 않았던 선생님들이 미션을 수행하며 입을 모아 이렇게 말했습니다.

 "학생들을 위해 놀이하는 줄 알았는데 결국 나 자신을 위한 일이었다."

 금요일마다 환하게 웃으며 "선생님 최고!"를 외치며 응원하는 학생들을 하교시키면, 교사도 홀가분하고 행복한 마음으로 주말을 맞이할 수 있습니다. 이 긍정적인 기분은 1년이라는 장기 레이스를 건강하게 완주하기 위한 핵심 루틴입니다.

그렇다면 월요일에는 어떻게 분위기를 잡을까요? 아래는 제가 주로 월요일에 사용하는 '밀기 멘트'의 예시입니다.

> 선생님들은 월요일에 특히 예민하여 엄격하게 학생들을 지도합니다. 주말만 지나면 마치 유치원생처럼 엉망이 되어 모든 규칙을 무시하는 학생들이 생기고, 이로 인해 나머지 학생들이 피해를 보는 일이 잦기 때문입니다.
>
> 주말에 어떤 일이 있었든, 함께 생활하는 공간인 교실에서는 무엇보다 규칙이 우선입니다. 특히 월요일은 그런 분위기를 형성하기 위해 모두가 더욱 열심히 규칙을 지켜야 합니다. 누구도 남에게 피해를 주면 안 되니까요.
>
> 물론 우리 반 학생들은 절대 그런 행동을 하지 않으리라 생각합니다. 평소 생활 태도를 봤을 때, 월요일이면 오히려 더 규칙을 잘 지키며 생활할 것이라 믿습니다.
>
> 이 순간부터 선생님은 다른 날보다 더 엄격하고 철저하게 규칙을 적용할 것입니다. 규칙을 지키지 않는 학생들은 끊임없이 관찰하고 지적할 것임을 명심하길 바랍니다.

정리하면, 월요일에는 일부러라도 고쳐야 할 부분을 찾아 전체적으로 지도합니다. 이는 한 주의 분위기를 형성하는 데 큰 도움이 됩니다. 반면 금요일에는 의식적으로 잘한 일만 찾아 칭찬의 말을 많이 건넵니다. 여력이 된다면 금요일 마지막 시간에는 놀이 활동을 해 보세요. 학생뿐만 아니라 교사도 행복하게 주말을 맞이하며, 건강한 휴식 속에서 다시 월요일을 마주할 자신감과 힘을 얻을 수 있습니다. 매주 금요일은 출근하는 순간부터 다짐해 보세요! '오늘은 화내지 말자.'

# 03
# 4가지 원칙 사수 활동

새 학기를 대비하여 가장 먼저 무엇을 준비해야 할까요?

'첫날 어떤 활동부터 하지?'
'준비물은 뭘 사야 할까?'
'교실은 어떻게 꾸미지?'

하지만 이보다 더 중요한 질문을 던집니다.

'올해 우리 반 학생들이 꼭 지켜야 할 규칙은 무엇일까?'

이 질문을 중심으로 학기 첫 주 계획을 세웁니다. 단순히 재미있어 보이는 활동만 나열하지 않고, 규칙을 강조할 수 있는 것을 골라 배치합니다. 교실 환경 역시 마찬가지입니다. 장식은 최소화하고, 규칙과 관련된 메시지를 중심으로 꾸밉니다. 또한, 한 번 강조하고 끝나는 것이 아니라 주기적으로 규칙을 상기시킬 방법을 계획합니다. 이렇게 하면 3월 첫 주부터 연말까지 일관성 있게 학급을 운영할 수 있습니다. 다음은 3월 첫날부터 일년 내내 4가지 원칙을 사수하는 루틴입니다.

### 1
### 새 학기 루틴
### 16 steps

첫날에는 보통 다음과 같은 루틴으로 보냅니다. 참고로, 만약 첫날에 루틴을 마치지 못하면, 수업 진도 틈틈이 배치하여 진행합니다.

#### ① 칠판에 붙여진 좌석표 확인 후 자리에 앉기

이것은 특별히 설명하지 않겠습니다. 평범한 과정이니까요.

② **첫 멘트**

'밀당'은 선택이 아닌 필수입니다. 그래서 첫 만남부터 밀당을 섞은 멘트로 시작합니다. 학생들이 좋아하는 것을 당연하게 주기보다 기브 앤 테이크의 원칙을 끝까지 유지하는 것이 중요합니다. 진정한 리더는 단순히 요구만 하는 사람이 아니라, 베풀 줄 아는 사람이어야 합니다. 첫날, 첫 시간에는 권위와 당위성을 바탕으로 하면서 동시에 신뢰와 기대감을 담은 멘트로 문을 여는 것이 좋습니다.

 선생님은 여러분과 같은 학생들을 매년 지도합니다. 그리고 초등교육과 관련된 많은 경험을 쌓고, 연구해 왔습니다. 그래서 헌법이 규정한 의무교육을 수행하기 위해 여러분 앞에 이렇게 서 있습니다.

오랜 경험상, 매년 3월 새 학기 첫날에, 마치 신입생처럼 초기화된 상태로, 기본적인 규칙도 지킬 줄 모르고 자기 마음대로 행동하는 학생들을 만납니다. 하지만 선생님은 우리 반의 평화를 위해 그런 태도를 보이는 학생들을 바로잡는 데 온 힘을 다할 것입니다. 따라서 오늘뿐만 아니라, 3월 한 달 동안은 매일매일 엄격하게 지도할 예정입니다.

오늘 여러분들이 교실에 들어오는 순간부터 선생님은 태도를 지켜봤습니다. 그리고 이 순간에도, 선생님의 말을 듣는 여러분의 자세를 열심히 관찰하고 있습니다. 지금까지는 모두 바르게 앉아 집중하는 훌륭한 모습을 보여주었습니다.

이렇게만 생활한다면, 선생님은 여러분이 학교생활을 더욱 즐겁게 할 수 있도록 최선을 다하겠습니다. 재미있는 놀이 수업은 물론, 항상 친절한 선생님이 되고자 노력할 것입니다. 종종 여러분이 좋아하는 이벤트도 많이 열어 줄 거예요.

그러나! 이 모든 것은 지금부터 선생님이 설명할 4가지 원칙을 얼마나 잘 지키느냐에 달려 있습니다. 선생님 설명을 듣는 지금의 태도부터, 쉬는 시간 동안 4가지 원칙을 지키기 위해 노력하는 모습까지요. 여러분의 생활 태도에 따라 오늘 마지막 시간이 놀이 시간이 될지, 아니면 학습지 시간이 될지가 결정됩니다.

선생님은 항상 두 가지 옵션을 준비하고 있습니다. 여러분의 생활 태도에 따라 올해 1년의 방향이 결정된다는 것을 꼭 명심하세요.

이 멘트를 통해 학생들은 모든 것이 자신의 태도에 따라 선생님의 선택지가 달라질 수 있다는 점을 깨닫게 됩니다. 긴장감이 감도는 첫날, 선생님의 첫 멘트는 학생들에게 큰 영향을 미칠 강력한 힘을 가지고 있습니다. 2학기 첫날에는 다음과 같은 멘트를 합니다.

선생님은 매년 수많은 학생을 만나 왔습니다. 그리고 2학기가 시작되면 누군가 다음과 같은 행동을 할 것을 매우 잘 알고 있습니다. 오늘 할 방학 관련 글쓰기를 대충 쓰는 학생, 방해하는 학생 그리고 1학기 때보다 더 규칙을 안 지키는 그런 학생들……. 솔직히 말해서, 선생님 눈에 그런 행동을 하는 학생은 유치원생처럼 보일 뿐이에요. 놀이할 자격도 없다고 생각합니다. 여러분도 그렇게 생각하지 않나요?

하지만 우리 반에는 절대 그런 한심한 친구는 없을 거라고 믿습니다. 1학기 때 여러분의 모습을 떠올려보니, 2학기에도 변함없이 규칙을 잘 지키고, 선생님이 어떤 활동을 제안하더라도 재미 여부와 상관없이 최선을 다해 줄 것이라고 확신합니다. 그렇게 할 수 있겠습니까?

참고로 4가지 원칙은 학기 중간에도 얼마든지 적용할 수 있습니다. 실제로 작년 단톡방 선생님 중 2학기부터 적용하여 효과를 본 선생님들도 많았습니다. 만약 중간에 시작한다면 아래와 같이 멘트하면 됩니다.

> 지금까지 여러분들의 생활 태도를 관찰하며, 선생님은 우리 학급에 꼭 필요한 규칙을 4개로 확실하게 정리했습니다. 오늘부터는 4개의 규칙만 지키면 됩니다. 적은 만큼 더 확실하게 지켜야 합니다. 잘 지킨다면 선생님도 더 우리 반을 즐겁게 만들기 위해 노력하겠습니다.

### ③ 간단한 인사와 끝까지 포기하지 않는 4가지 원칙 설명

첫 멘트 후, 간단히 학생들과 인사와 소개를 나눈 뒤 곧바로 4가지 원칙을 설명하며 1교시를 진행합니다. 설명의 흐름은 Chapter 1에 자세히 정리되어 있습니다.

4가지 원칙만 잘 지키면 되기 때문에, 학생들에게도 쉽고 편리하다는 점을 강조합니다. 그리고 선생님은 이 쉬운 4가지 원칙을 끝까지 포기하지 않을 것임을 명확히 전달합니다. 잘 지켜 준다면, 우리 반은 어떤 반보다 즐겁고 멋진 반이 될 것이라는 희망도 함께 이야기합니다

### ④ 교과서 배부 및 이름 쓰기

4가지 원칙을 설명한 뒤에는 어떤 것을 하든 그것과 연계하여 멘트를 합니다. 교과서는 보통 과목별로 복도에 줄지어 놓인 상자에서 학생들이 한 권씩 가져가도록 안내합니다. 이 과정에서 말을 하거나 소란을 피우면 다른 반에 피해를 줄 수 있으므로, 다음과 같은 멘트를 활용합니다.

> 지금부터 1원칙을 얼마나 잘 지키는지 테스트해 보겠습니다. 말했지만 선생님은 여러분들의 생활 태도에 따라 두 가지 선택지 중 하나를 결정할 것입니다. 남녀 번호순으로 복도에 나가 칠판에 적힌 과목별 교과서를 순서대로 가져오세요. 이때 복도에서 소란을 피우면 다른 반 수업에 피해를 줄 수 있습니다. 1원칙을 지키며 말없이 조용히 교과서를 가져오세요. 선생님은 여러분이 얼마나 노력하는지 철저하게 관찰하겠습니다.

교과서를 가져오는 과정에서 학생이 말을 하면 "조용히 하세요." 대신, "남에게 피해 주지 않습니다."라는 표현으로 원칙을 상기시킵니다. 교과서를 모두 가져온 뒤에는, 복도에서 말하지 않고 조용히 교과서를 챙긴 학생들의 노력을 인정하며 짧게 칭찬합니다. 그리고 교과서에 이름을 쓰도록 안내하며 마무리합니다.

#### ⑤ 사물함 안내 및 교과서 분류하기

교과서 배부와 이름 쓰기가 끝나면, 사물함과 서랍에 교과서를 정리하는 방법을 안내합니다. 원칙은 간단합니다. 자주 사용하는 교과서와 필통은 서랍에, 일주일에 한두 번 사용하는 교과서와 기타 물건들은 사물함에 보관합니다.

수업 전에 교과서를 미리 꺼내놓도록 하지 않습니다. 그 이유는, 학생들이 이를 매일 지키는 것은 어렵고, 불필요한 에너지만 소모하기 때문입니다. 사실, 미리 준비할 필요도 없습니다. 다음 교시가 시작되면 "이번 시간은 국어입니다. 국어책 꺼내세요."라고 말하면 됩니다. 교과서를 꺼내는 데는 30초도 걸리지 않아 수업에 지장을 주지 않습니다. 대신, 교과서를 빠르고 효율적으로 꺼낼 수 있도록 정리 교육을 철저히 합니다. 자주 사용하는 교과서와 공책만 서랍에 넣고, 가끔 사용하는 물건은 사물함에 보관하도록 안내합니다. 다음과 같이 정리 기준을 제시해 줍니다.

| 책상 서랍 | 사물함 |
| --- | --- |
| 1. 필통<br>2. 국어(가)<br>3. 수학<br>4. 수학연습장<br>5. 사회<br>6. 핵심노트 | 1. 색칠도구, 물티슈 등<br>2. 도덕<br>3. 과학 및 실험관찰<br>4. 수학 익힘책<br>5. 음악, 미술, 체육<br>6. 영어 및 영어노트<br>7. 그 외 |

이 교육을 하지 않으면 서랍에 모든 교과서와 색칠 도구까지 쑤셔 넣는

학생들이 많아집니다. 그렇게 되면 교과서를 꺼낼 때마다 한바탕 전쟁을 치르게 되고, 각종 학습지를 서랍에 구겨 넣어 교실을 어지럽히는 주범이 되기도 합니다. 정리되지 않은 서랍은 그 학생의 수업 태도에도 당연히 영향을 줄 수밖에 없습니다. 그래서 교과서를 나눠주며 정리하는 방법을 반드시 교육합니다. 그리고 자리를 이동할 때마다 화면에 정리 기준 그림을 띄워 정리 습관을 생활화하도록 돕습니다. 이 교육의 이유도 1원칙을 바탕으로 설명합니다.

 선생님은 여러분이 쉬는 시간을 온전히 보장받을 수 있도록 수업 후에 교과서를 미리 준비하게 하지 않습니다. 아무리 진도가 급해도 쉬는 시간을 침해하지 않을 거예요. 충분히 쉬는 것은 중요하니까요. 대신, 다음 교시가 되었을 때 선생님이 '국어 교과서를 꺼내세요.'라고 하면, 서랍에서 빠르게 꺼낼 수 있어야 합니다. 이렇게 하면 선생님의 수업 시간을 빼앗지 않게 되고, 결과적으로 여러분의 쉬는 시간도 확실히 지킬 수 있습니다. 하지만 서랍에 이것저것 마구잡이로 넣어두면 교과서를 꺼낼 때마다 시간이 오래 걸리겠죠? 이것은 단순히 불편한 정도가 아니라, 선생님과 친구들에게 피해를 주는 행동이 되는 거예요. 1원칙은 이런 상황에서도 꼭 지켜야 합니다. 그러니 선생님이 안내한 대로 자주 쓰는 교과서와 필통은 서랍에, 나머지 물건들은 사물함에 정리해 주세요. 그리고 꼭 기억하세요. 선생님은 여러분의 서랍과 사물함을 갑작스럽게 점검할 수도 있습니다!

## 2주마다 자리 바꾸기

2주마다 자리를 바꿔 줍니다. 이때 서랍과 사물함도 함께 정리하도록 하여, 학생들이 정리하는 습관을 빠르게 형성할 수 있도록 돕습니다. 자리를 2주마다 바꾸는 이유는 기브 앤 테이크를 통해 규칙을 지킬 동기를 부여하기 위해서입니다. 다음은 개학 후 2주가 지나서 처음 자리를 바꾸기 전 학생들에게 전하는 멘트의 예시입니다.

 선생님은 2주마다 자리를 바꿔 줍니다. 아마 이렇게 자주 자리를 바꾸는 선생님은 많지 않을 거예요. 이건 여러분이 다양한 자리에 앉아 보고, 새로운 친구들과 어울릴 기회를 주기 위한 선생님의 배려입니다.

다만 모든 학생에게 이런 혜택을 주지 않습니다. 4가지 원칙을 지키지 않는 학생들은 1년 동안 자리를 바꿔 주지 않을 거예요. 자리 배치는 전적으로 선생님의 권한이니까요. 하지만 여러분은 지금까지 수업 태도가 좋았고 4가지 원칙을 잘 지키고자 노력했기 때문에 이 기회를 얻게 된 것입니다. 모두에게 박수! 다만 지금부터 선생님이 말하는 것을 지키지 않는다면 더 이상 자리 바꾸기는 하지 않을 거예요. 그러니 귀담아듣고 열심히 지키길 바랍니다.

여러분들이 학교를 졸업하고 세상을 나가면 수없이 원하지 않는 자리, 직업, 직책을 맡게 됩니다. 그런데 꼭 자리를 바꿀 때마다 불평불만만 늘어놓고 죄 없는 친구에게 화내는 학생이 있습니다. 이유도 없이 자기 주변에 앉은 친구가 마음에 들지 않는다며 인상을 쓰는 학생들도 있습니다.

선생님은 그런 학생들을 보면 참 못나 보이고 어리석다는 생각을 해요. 아니, 도대체 본인이 얼마나 잘났다고 죄 없는 친구에게 인상을 쓰고 투덜대는 걸까요? 심지어 선생님이 2주마다 자리를 바꿔 주는 배려를 하고 있는데 말이죠.

여러분들은 절대 그런 행동을 하지 않겠죠? 어떤 자리에 앉든, 누가 옆에 있든 인상을 쓰거나 실망한 티를 내진 않으리라 믿어요. 선생님은 여러분들의 표정을 유심히 관찰할 것입니다. 그리고 만약 그런 학생이 있다면, 자리를 1년 동안 바꿔 주지 않을 권한이 있다는 것을 기억하세요. 누구도 남에게 피해 줄 자격은 없습니다. 모두가 서로를 존중하며, 현명하게 행동하길 바랍니다.

□ **자리 바꾸기 루틴**
① 자리 바꾸기 전에 바닥과 책상 간단히 청소하기
② 서랍에 있는 쓰레기를 완벽하게 비우기
③ 교과서 중 사물함에 있어야 할 것은 다시 넣고 정리하기
④ 서랍에 있던 교과서와 필통을 책상 위에 올려놓고 대기하기
⑤ 무작위로 이름을 뽑고, 그 순서대로 몸만 일단 옮기기
⑥ 모든 학생이 이름을 뽑고, 중복 자리가 생기는 등의 문제가 발생하지 않는다면 교과서와 필통, 가방 옮기기

□ **2주마다 자리를 바꾸는 이유**
학급경영의 주도권을 유지하려면 리더의 마음가짐, 즉 기브 앤 테이크를 잘해야 한다고 했습니다. 그래서 놀이로만 밀당하는 것이 아니라, 학생들이 간절히 원하는 요소들을 적절히 활용합니다. 특히, 자리를 바꾸는 시간은 학생들이 가장 기대하는 순간 중 하나입니다. 일반적으로 선생님들은 한 달에 한 번 자리를 바꿔줍니다. 그래서 2주마다 자리를 바꿔주는 것은 학생들에게 파격적인 보상으로 느껴질 수 있습니다. 그러므로 이를 주는 대신 선생님이 원하는 것을 가져와야 합니다.
① 자리에 대한 불만을 잠재울 수 있습니다. 어차피 2주마다 자리가 바뀌기 때문에, 학생들이 불만을 가질 여지가 줄어듭니다. 선생님이 학생들을 위해 시간을 내어 자리를 바꿔주는 것임을 강조하면 학생들이 선생님의 노력을 이해하고 수용할 가능성이 커집니다.

② 수업이나 모둠 활동 시 태도 교육에도 유용합니다. 2주마다 자리를 바꿔주는 대신, 학생들에게 수업에 집중하고 모둠 활동에서 방해되지 않도록 행동해야 한다는 점을 지속적으로 지도합니다. 자리를 바꿔주는 것이 조건부 보상이라는 점을 각인시키며, 규칙을 지키지 않으면, 자리를 바꾸지 않을 수도 있다는 가능성을 명확히 전달합니다. 이를 통해 학생들은 자리를 바꾸는 기회를 더욱 소중히 여기고, 긍정적인 태도와 행동을 유지하려는 동기를 갖게 됩니다.

③ 1인 1역을 하지 않고도 깨끗한 교실을 유지할 수 있습니다. 이것이 제가 자리를 2주마다 바꾸는 가장 큰 이유입니다. 뒤에 서술하겠지만 저는 1인 1역을 하지 않습니다. 우선 1인1역은 모두가 공평하게 참여하기가 어렵고, 참여하지 않는 학생들로 인해 에너지 소모가 큽니다. 반면 자리를 2주마다 바꾸면 자리를 정리하고 청소하는 루틴이 자연스럽게 형성되어 힘들이지 않고도 더 깨끗한 교실 환경을 유지할 수 있습니다.

자리를 바꾸면서 학생들은 책상을 닦고, 바닥을 청소하며, 서랍을 정리하는 루틴을 따르게 됩니다. 자신이 사용하던 책상은 다른 친구가 사용할 자리가 될 것이므로, 피해 주지 않기 위해 열심히 청소해야 할 명분이 생깁니다. 서랍에 쓰레기가 없으면 바닥에 쓰레기가 떨어지거나 먼지가 흩어지는 일도 줄어듭니다. 보통 서랍에 넣어 둔 쓰레기나 잡동사니가 책을 꺼낼 때 바닥으로 떨어져 교실을 어지럽히게 됩니다. 2주마다 서랍을 정리하는 루틴은 이런 문제를 효과적으로 해결할 수 있습니다.

그리고 특별한 행사 전에 대청소하거나, 놀이 전 입장료를 받는 명목으로 짧은 청소를 시키면 1인 1역 없이도 깔끔한 교실 환경을 1년 내내 유지할 수 있습니다. 이런 이유로 저는 2주마다 자리를 바꿔 주는 방식을 택합니다.

## ⑥ 이름 초성퀴즈

교과서 배부와 정리가 끝난 뒤 PPT에 미리 준비한 학생들의 이름 초성으로 퀴즈를 하면, 경직된 분위기를 단번에 바꾸고 참여를 자연스럽게 이끄는 마법과 같은 효과가 있습니다.

이름 초성퀴즈를 첫날에 배치한 이유는 3원칙인 '손 들고 말하기'을 강조하기 위해서입니다. 이 활동은 그런 학생들에게 3원칙을 익힐 수 있는 아주 좋은 기회가 됩니다. 초성을 보고 답이 떠오르면 "이거 ○○○이잖아!" 하며 말부터 튀어나오는 학생들이 더러 있습니다. 이때 선생님은 이렇게 말하면 됩니다.

"3원칙인 손 들고 말하기 지켜야 합니다."
"손 들고 발언권을 얻어야 말할 수 있습니다!"

### ⑦ 선생님 알기 OX퀴즈

활동의 이름은 '선생님 알기 OX퀴즈'이지만, 실제 목적은 사례를 통해 4가지 원칙을 설명하고 강조하는 데 있습니다. 가볍고 재미있게 들리지만,

활동을 진행하며 자연스럽게 4가지 원칙의 중요성을 학생들에게 전달할 수 있습니다.

퀴즈는 선생님에 대한 질문으로 시작합니다. 아래의 질문은 학생들의 흥미를 끌고 참여를 유도하는 데 효과적입니다.

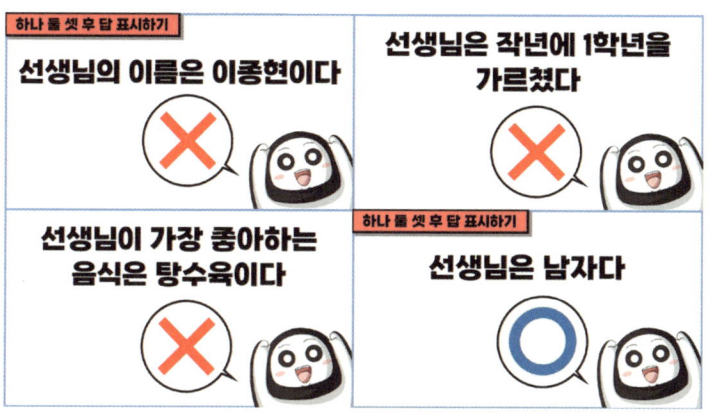

하지만, 퀴즈를 진행하면서 4가지 원칙과 관련된 질문을 포함시켜 자연스럽게 규칙을 상기시킵니다.

학생들은 정답을 맞히는 과정에서 4가지 원칙의 중요성을 다시 한번 익히게 됩니다. 이 활동은 재미와 교육을 동시에 잡을 수 있는 좋은 방법으로 규칙을 생활화하는 데 도움이 됩니다.

### ⑧ 자기소개서 쓰기

이제 자기소개서를 쓸 시간입니다. 이 시간은 여러모로 꼭 필요합니다. 첫날은 학생들뿐만 아니라 선생님에게도 긴장이 감도는 날이죠. 교과서를 나눠주고 학급의 원칙을 이야기하는 동안 소모된 에너지를 잠시 글쓰기를 통해 충전하며 여유를 되찾을 기회입니다. 이를 위해 학생들이 글쓰기에 온전히 몰입할 수 있도록 도와야 하므로, 다음과 같이 멘트를 준비해 보세요.

> 지금부터 자기소개서를 작성하는 시간을 갖겠습니다. 하지만 단순히 글을 잘 쓰는 것이 목적은 아닙니다. 사실, 글을 잘 쓰는 것보다 더 중요한 것은 여러분의 태도입니다. 선생님은 여러분이 얼마나 노력하는지에 더 주목할 것입니다. 완벽하게 쓰지 않아도 괜찮지만, 대충하거나 시간을 흘려보내는 것은 곤란합니다. 주어진 시간 동안 최선을 다해 써야겠죠. 그리고 글을 쓰는 동안 떠들거나 장난치면 다른 친구들에게 피해를 줄 수 있습니다. 이야기를 나누고 싶다면 손을 들고 발표하는 규칙을 지켜야 합니다. 오늘 이 시간에는 1원칙과 3원칙을 잘 지키는지 선생님이 유심히 확인할 예정입니다. 자기소개서를 쓰는 시간과 앞으로의 활동들을 얼마나 열심히 하느냐에 따라 오늘 마

지막 시간이 결정됩니다. 첫날이니 긴장도 풀 겸 즐거운 놀이 활동을 할 수도 있고, 아니면 교과서를 살펴보는 시간을 가질 수도 있겠죠. 선생님은 항상 두 가지 선택지를 준비하고 있으며, 어떤 선택을 할지는 여러분의 4가지 원칙에 따른 태도에 달려 있음을 명심하길 바랍니다.

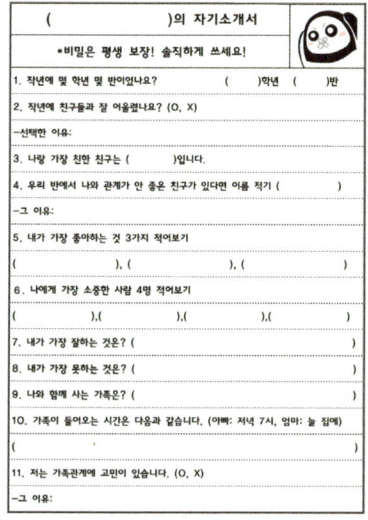 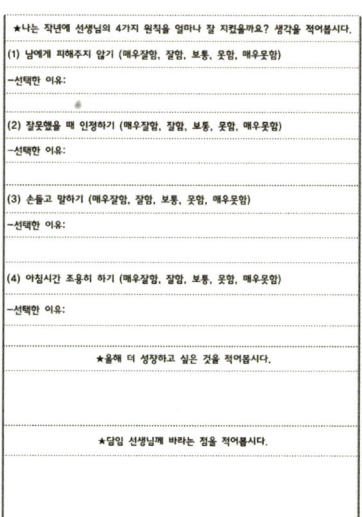

자기소개서 역시 4가지 원칙과 관련하여 쓰게 합니다. 간혹 예상치 못한 악평을 적는 학생들이 있으므로, '담임 선생님께 바라는 점을 적어봅시다.'라는 마지막 문항은 삭제해도 됩니다.

### ⑨ 탈락 없는 가라사대 진행

지금까지 약간 지루하게 느껴질 수 있는 활동들이 이어졌으니, 이쯤에서 선생님의 패를 살짝 보여줄 필요가 있습니다. 교사의 주도권은 단순히 요구하는 데서 끝나지 않고, 베풀고 이끌 줄 아는 리더십에서 나옵니다. 저는 이를 위해 가라사대 게임을 활용합니다. 이 게임은 어떤 학년에서든 폭발적인 반응을 얻었으며, 진행도 어렵지 않습니다. 게임을 시작하기 전, 아래와 같은 멘트로 긴장감을 불어넣어 보세요.

 지금부터 여러분들의 집중력이 얼마나 좋은지 테스트를 하겠습니다. 모두 차렷.

이 멘트를 들은 학생들은 긴장한 기색을 보이는데, 이내 이 테스트가 '가라사대 게임'이라는 사실을 알게 되면 어느새 얼굴에 웃음기가 번지며 기대감에 가득 찬 표정으로 바뀝니다.

이 가라사대 게임은 제가 아래에 적어둔 대본을 참고하여 진행하시면 됩니다. 외울 필요는 없으니 부담 갖지 마세요. 저 역시 처음에는 대본을 출력하여 보면서 진행했습니다. 고학년 학생들도 완전히 속아 넘어가니, 대본을 보고 진행해도 전혀 문제가 없습니다. 매년 하다 보면 자연스럽게 대본 없이도 가능해질 겁니다.

한편, 기존에 가라사대 게임을 진행했던 선생님들은 틀린 학생을 탈락시키는 방식으로 진행했을 수 있습니다. 하지만 탈락 방식은 오히려 문제를 유발할 수 있습니다. 예를 들어, 탈락하지 않기 위해 양심을 속이고 틀리지 않은 척하는 학생이 생길 수 있고, 또 이를 누군가가 지적하며 갈등이 발생할 수도 있습니다. 따라서 탈락 없이 진행하는 방식을 권장하며, 이 방법은 가라사대 대본에서도 안내하고 있으니 참고하시면 됩니다.

### 탈락 없는 가라사대 대본

\* 빨간 글씨는 학생들이 대부분 속는 부분입니다.

 가라사대 게임 아시나요? 선생님이 '가라사대'라고 하고 명령하면 그 명령에 따라야 하며, '가라사대'라고 말하지 않고 명령을 내렸을 때 행동하면 틀립니다. 예를 들어, "가라사대 눈 감으세요."라고 하면 지금 여러분들처럼 눈을 감고 있어야 합니다. 그리고 "눈 뜨세요."라고 했는데 지금 눈 뜬 학생들은 틀린 겁니다. 이해했죠? 그런데 한 번 틀렸다고 탈락은 아니에요. 틀려도 계속 참여할 수 있습니다. 다만 선생님이 마지막에 "한 번도 안 틀린 사람 손?", "한 번 틀린 사람 손?" 이렇게 물어볼 때 정직하게 말해 주면 됩니다. 1등 한다고 선생님이 상품 주는 것이 아닙니다. 오히려 많이 틀려도 정직하게 하는지 거짓으로 하는지에만 선생님은 관심이 있어요. 양심을 속이지 말고 정직하게 해봅시다. 알겠습니까?

그럼 가라사대 게임을 시작하겠습니다. 우선 여러분들 지금까지 오래 앉아 있어서 힘들 텐데, 허리 좀 펴볼까요? 이런, 지금 허리 편 학생들 벌써 한 번 틀렸어요. 하지만 처음이니까 선생님이 이건 봐줄게요. 한 번도 안 틀린 것으로 해주겠습니다.

가라사대 오른손 올려! 왼손도 올려! 가라사대 왼손도 올려! 내리세요! 오! 모두 잘하는데? 오케이 차렷! 가라사대 내려. 가라사대 두 손을 다 위로 올리세요. 두 손 반짝반짝. 가라사대 두 손 반짝반짝. 더 빠르게. 지금 더 빠르게 한 학생들 틀렸죠. 가라사대 더 빠르게. 가라사대 더 빠르게. 스톱! 지금 0.1초라도 멈춘 학생은 다 틀린 겁니다. 가라사대 스톱! 손 내리세요. 박수 한 번 시작, 가라사대 박수 두 번!, 박수 다섯 번! 가라사대 두 손을 머리 위로! 가라사대 좌우로 흔들어 보세요. 더 빨리! 잘했습니다. 차렷! 가라사대 차렷.

여기까지 진행한 후 아래 멘트를 꼭 하셔야 합니다.

 "지금까지 한 번도 안 틀린 사람 손! 아쉽지만 지금 손 들어서 한 번 틀렸습니다."

이 정도로만 몇 번을 반복해도 아이들은 계속 틀립니다. 그리고 최후의 승자가 나왔다면 아래와 같이 멘트를 합니다.

 지금 남으신 분들만 선물 드리겠습니다. (이때 진짜 준비한 듯한 포장 선물을 보여주거나 서랍에서 무엇을 꺼내는 척하면 꽤 많이 넘어갑니다.) 앞으로 나오세요.

이 활동은 틈만 나면 학생들이 '가라사대 게임 해요.' 요청할 정도로 좋아합니다. 그러니 대본을 출력해서 보면서라도 꼭 한번 진행하기를 권합니다. 다만 연습 삼아 가족이나 지인을 대상으론 하지 마세요. 가라사대 게임은 1~2명에게 했을 때에는 대부분 속지 않습니다. 여러 명이 참여해야 특유의 분위기가 형성되며, 그 분위기 덕분에 잘 속아 넘어가는 재미를 느낄 수 있는 활동입니다. 이 점을 참고하셔서 자신감 있게 도전해 보세요!

### ⑩ 자기소개 활동: 커팅스피드퀴즈

첫날 자기소개 활동으로 추천하는 커팅스피드퀴즈는 부담 없이 자신의 취향을 친구들에게 소개할 수 있는 좋은 방법입니다. 이 활동은 누구나 쉽게 참여할 수 있으며, 준비물도 단순히 종이 한 장만 있으면 충분합니다.

## 커팅스피드퀴즈 활동 방법

① A4용지를 4등분 하여 한 장씩 학생들에게 나눠줍니다.

② 받은 종이를 3번 접어 8칸이 나오게 합니다.

|   |   |   |   |   |   |   |   |
|---|---|---|---|---|---|---|---|
|   |   |   |   |   |   |   |   |

③ 주제를 칠판이나 TV 화면에 띄웁니다.

'내가 가장 좋아하는
음식, 동물, 물건, 운동, 직업, 유명인, 책 제목, 캐릭터, 나라 등 모든 단어 8개'

④ 학생들은 선생님이 제시한 주제를 참고하며 단어 8개를 빈칸에 채웁니다. 이때 같은 주제로 여러 개 써도 괜찮습니다. 음식을 2개 써도 되는 것이며 운동을 3개 써도 좋습니다.

| 자장면 | 펭귄 | 닌텐도 | 수영 | 과학자 | 백종원 | 어린왕자 | 인도 |
|---|---|---|---|---|---|---|---|

⑤ 모두 단어를 다 채우면 선생님의 '시작' 소리와 함께 자리에서 일어나 다른 친구를 아무나 만납니다.

⑥ A와 B 학생이 만났다면 A 학생이 먼저 8개의 단어 중 양 끝에 있는 단어 한 개를 말로 설명합니다.

⑦ B 학생이 답을 말하면 A 학생은 그 단어를 찢으면 됩니다. (그래서 양 끝의 단어 중 한 개를 설명해야 합니다.)

⑧ 이번에는 B 학생이 가진 양 끝의 단어 중 한 개를 말로 설명합니다.

⑨ 역시 A 학생이 답을 맞히면 B 학생은 그 단어가 적힌 부분을 찢습니다.

⑩ 번갈아 문제 내고 답하기를 완료하면 헤어지며 다른 학생을 만나러 갑니다. (만났던 학생은 다시 못 만납니다.)

⑪ 6~10의 과정을 반복하며 단어 한 개가 남을 때까지 계속 활동하며 단어 한 개만 남으면 선생님께 검사를 받고 히어로가 됩니다.

⑫ 히어로가 된 학생들은 아직 단어를 많이 못 찢은 학생을 찾아가서 그 학생이 내는 퀴즈들을 맞히는 역할을 하면 됩니다.

이 활동은 교사가 역할을 맡지 않아도 되기 때문에 학생들의 행동을 집중적으로 관찰할 수 있습니다. 친구를 가리지 않고 열심히 참여하는 학생,

다소 소극적인 학생, 또는 장난을 많이 치는 학생 등 각자의 특징을 자연스럽게 파악할 수 있어, 첫날 활동으로 배치하기에 안성맞춤입니다.

### ⑪ 집중구호 연습

10번 루틴을 진행할 즈음이면 첫날은 이미 지났고 둘째 날이 되었을 가능성이 큽니다. 앞서 말씀드렸듯, 첫날 다 마치지 못한 활동은 진도를 나가며 틈틈이 진행하면 됩니다.

집중구호는 한 가지로 통일합니다. 이를테면 선생님이 "주목." 하면 학생들도 "주목."이라고 따라 하며 바라보는 방식입니다. 이 구호는 교실 놀이나 체육 활동 중 주의 집중이 필요할 때 가장 쉽고 빠르게 효과를 볼 수 있는 신호라서, 평상시 수업에도 활용합니다. 간결하면서도 힘 있게 학생들의 집중을 끌어낼 수 있다는 점에서 어떤 신호보다 효과적입니다.

### ⑫ 첫 교과서 수업 때 하는 집중력 키우기 활동

둘째 날, 첫 교과서 수업에서 집중력을 향상시키기 위해 가장 먼저 진행하는 활동이 있습니다. 우선, 수업 시간에 집중하지 않는 행동이 1원칙에 어긋난다는 점을 학생들에게 명확하게 전달합니다.

수업에 집중하지 않으면 진도가 느려지고, 가라사대와 같은 즐거운 놀이 활동 시간이 줄어들게 된다는 사실도 설명합니다. 이는 단순히 친구들에게만 피해를 주는 것이 아니라, 국가 교육과정을 가르치는 선생님에게도 영향을 미치는 행동이라는 점을 단호하게 이야기합니다.

특히, 선생님이 '몇 쪽을 펴세요.'라고 했을 때 빠르게 페이지를 펼치는 것이 피해 주는 행동이 아님을 강조하며, 다음과 같이 활동을 진행합니다.

① 모두 교과서를 덮고 차렷 자세로 있습니다.
② 선생님이 '38쪽!'이라고 말을 하면 빠르게 38쪽을 펼칩니다.
③ 38쪽을 펼친 학생은 자리에서 빠르게 일어섭니다.
④ 선생님은 10명 정도까지 뽑고 다음 쪽수를 말하며 계속 활동을 이어갑니다.
⑤ 교과서 쪽수 찾아 펼치기를 어느 정도 했다면 이번에는 교과서에 있는 다양한 기호들을 찾는 활동을 합니다.
  예) 교과서 27쪽 3번 '혼자서도 척척'에 동그라미 그리고 일어서기!
  교과서 121쪽 '질문 있어요'를 찾아 고양이 그림에 동그라미 그리고 일어서기!

출판사마다 교과서의 문제와 기호 구성이 다르므로, 집중력 교육을 하지 않으면 학생들이 어디를 찾아야 하는지 몰라 헤매거나 엉뚱한 문제를 푸는 경우가 종종 발생합니다. 따라서 수업 집중력을 강조하며, 위 활동을 교과서별로 한 번씩 진행해 주는 것이 좋습니다.

문제나 기호를 찾으면 일어서는 방식으로 진행되기 때문에, 늦게 일어나거나 찾지 못해 일어서지 못하는 학생이 누구인지 쉽게 파악할 수 있습니다. 이런 학생들에게는 학기 초 수업 시간에 교사가 개별적으로 찾아가 점검하고 격려하며 집중력을 높여줄 필요가 있습니다. 이를 통해 학급 전체의 수업 집중력이 상향평준화되는 효과를 기대할 수 있습니다.

이 활동은 재미와 의미를 동시에 잡는 방법으로, 저학년과 중학년뿐만 아니라 고학년에게도 필수로 추천합니다. 특히 고학년의 경우에는, 학생들이 단순히 문제를 찾지 못할까 봐 걱정해서라기보다는 교사가 수업 집중력을 얼마나 중요하게 생각하는지를 자연스럽게 전달하는 기회이기 때문입니다.

### ⑬ 모둠 만들기 연습 및 번호 교육

모둠 관련 교육을 잘 해두면 모둠 활동 시간에 교사의 에너지를 절약할 수 있으므로, 반드시 비중 있게 다뤄야 합니다.

먼저 4~5명씩 모둠 만들기 연습을 진행합니다. 이 과정에서 느리게 움직이는 것은 남에게 피해 주기 행동임을 강조하며, 최선을 다해 빠르게 움직이도록 지도합니다. 타이머를 사용해 기록을 측정하고, 학생들이 의욕적으로 참여하도록 분위기를 조성합니다. 마치 신기록에 도전하는 듯한 느낌으로 여러 번 모둠을 만들고 해체해 보는 것이 효과적입니다.

모둠을 만든 후에는 교사와 등지는 위치에 있는 학생들이 의자를 돌려 교사 쪽으로 향하게 하는 것까지를 기본 규칙으로 정합니다. 이 규칙은 3월 모둠 활동을 할 때마다 틈틈이 2~3번씩 반복하며 습관화하는 것이 좋습니다.

모둠의 번호와 자리 번호 또한 필수로 교육합니다. 우선 자리 번호는 아래와 같이 알려줍니다.

처음엔 "1번 학생 일어납니다.", "2번 학생 일어납니다."와 같이 순차적으로 지시하며 몇 번 연습해 봅니다. 이후에는 간단한 미션을 추가하여 연습을 계속 진행합니다.

**자리 번호 교육 미션 예시**

- 2번은 일어서서 만세 부르기
- 3번은 친구들에게 손 하트 날리기
- 1번은 모둠 한 바퀴 돌기
- 1번과 4번 악수하기
- 2번과 3번 자리 빠르게 바꾸기
- 1번과 2번 하이파이브하기
- 1, 2, 3번 모두 4번 학생에게 큰절하기

다음은 모둠 번호 교육을 하는 방법입니다. 아래 그림과 같이 번호를 먼저 알려줍니다.

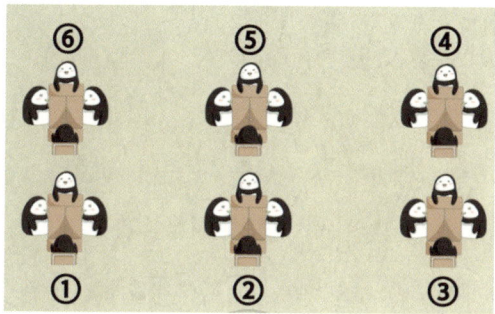

역시 처음에 "1모둠 일어납니다.", "2모둠 일어납니다."로 몇 번 지시하면서 간단한 미션을 주며 연습을 시킵니다.

#### 모둠 번호 교육 미션 예시

- 1모둠 일어나서 만세 부르기
- 3, 6모둠 교실 한 바퀴 돌기
- 2, 5모둠 서로 악수하기
- 1, 4모둠 서로 자리 바꾸기
- 5, 6모둠 나와서 칠판에 이름 적기

마지막으로 자리 번호와 모둠 번호를 종합하여 다음과 같은 미션을 주며 교육합니다.

**종합 교육 미션 예시**

- 1모둠 2번과 5모둠 3번 팔씨름하기
- 3모둠 2, 4번과 6모둠 1, 3번 서로 자리 바꾸기
- 2모둠 1, 4번과 5모둠 2, 3번 악수하고 오기

이와 같은 교육을 해두면 모둠 활동 시 준비 과정이 훨씬 원활하고 빠르게 이루어집니다. 선생님이 각 모둠에 지시할 때도 "각 모둠 1번 학생 앞으로 나와서 준비물 받아 갑니다.", "각 모둠 3번 학생이 결과물 가지고 옵니다."와 같이 간결하게 번호를 활용해 지시할 수 있습니다. 모둠을 바꾼 상태에서도 학생들이 자신의 자리 번호를 쉽게 파악할 수 있어 혼란을 줄이고 효율적인 진행이 가능합니다. 이러한 시스템은 수업과 활동의 질을 높이는 데 큰 도움을 줄 것입니다

### ⑭ 첫 수학 시간은 이 영상으로

첫 수학 시간에는 항상 영상 하나를 먼저 보여주고 교육을 시작합니다. 이 영상은 유튜브에 '수학은 틀려야 한다'로 검색하면 최상단에 나오는데, 수학은 용감하게 틀리고, 틀리면서 배우는 과목이라는 메시지를 전달합니다. 이때 2원칙인 용기 있게 인정하기를 응용하여 아래와 같이 이야기합니다.

 여러분은 당연히 잘못과 실수를 할 수 있는 나이입니다. 하지만 중요한 것은 핑계나

변명이 아니라 인정을 먼저 하는 태도입니다. 선생님은 여러분이 용기 있게 잘못을 인정한다면, 절대 혼내지 않고 더 잘 성장할 수 있도록 돕겠다고 약속했습니다.

최근에 여러분이 아침 시간에 선생님이 잠깐 자리를 비운 사이 떠들어 4가지 원칙을 어긴 일이 있었죠. 하지만 용기 있게 곧바로 인정했기 때문에, 선생님은 너그럽게 웃으며 다시 기회를 줬습니다.

이와 마찬가지로, 수학 시간에도 여러분은 당연히 모르거나 틀릴 수 있습니다. 중요한 것은 그것을 용기 있게 인정하고, 손을 들어 질문하는 것입니다. 이건 부끄러운 일이 아니라, 오히려 당당하고 멋진 행동입니다. 반대로, 모르는 것을 숨기고 질문하지 않는 것이야말로 부끄러운 일이며, 용기가 부족한 행동입니다.

그러니 여러분, 언제든지 수학 시간에 모르는 것이 있다면 용기 있게 손을 들어 질문하세요. 그것은 박수받아 마땅한 행동입니다. 자, 모두 용기 있는 모습을 보여주세요. 다 함께 손!

## ⑮ 친구 미션 활동

이 활동은 첫날 마지막 시간에 배치합니다. 1번부터 13번까지의 루틴을 모두 첫날에 마칠 필요는 없습니다.

친구 미션 활동은 간단하지만 활발한 분위기를 조성할 수 있습니다. 각자 아래의 학습지를 들고 다니며 학생 16명을 만나 미션을 하고, 상대방의 이름을 적습니다. 16명의 친구 이름을 다 적은 후에는 자리에 앉아 빙고 칸에 그 이름들을 채우고 빙고 게임을 하며 마무리합니다.

| 활동 | 활동 내용 | 친구 이름 |
|---|---|---|
| 1 | 친구와 악수 3번 크게 하기 | |
| 2 | 친구와 하이파이브 3번 하기 | |
| 3 | 친구 이름 3행시 지어주기 | |
| 4 | 친구랑 눈싸움하기(이겨도 져도 괜찮아요) | |
| 5 | 친구 얼굴 그려주기(종이 뒷면에) | |
| 6 | 친구에게 큰절하기 | |
| 7 | 친구와 팔씨름 한 판(이겨도 져도 괜찮아요) | |
| 8 | 친구 칭찬 한 가지 해주기 | |
| 9 | 친구에게 손하트 날려주기 | |
| 10 | 친구에게 자기소개하기(이름, 취미, 좋아하는 것 말하기) | |
| 11 | 친구에게 만세 삼창해주기 ("이종혁 만세! 이종혁 만세! 이종혁 만세!") | |
| 12 | 친구랑 한 팔씩 팔짱끼고 제자리에서 세 바퀴 돌기 | |
| 13 | 친구랑 양손 잡고 교실 한 바퀴 돌기(걸어서) | |
| 14 | 비길 때까지 친구랑 가위바위보 하기 | |
| 15 | 서로 좋아하는 음식 말해보기 | |
| 16 | 둘이 마주 보고 서서 양 손뼉 쳐서 넘어뜨리기 놀이하기 | |

이보다 더 재미있는 놀이도 많이 있습니다. 그럼에도 불구하고 첫날 마지막 시간에는 반드시 이 활동을 먼저 진행합니다. 16명의 친구를 만나야 하는 규칙 덕분에 친하지 않은 친구와도 자연스럽게 만날 수 있으며, 교사가 특별히 많은 주의를 기울이지 않아도 무난하게 진행할 수 있기 때문입니다.

### ⑯ 첫 미술 시간 활동 및 '다 했는데 뭐 해요?' 교육

앞서 언급했듯이, 교실 환경도 4가지 원칙과 관련해서 꾸밉니다. 각자 한 글자씩 들고 모여서 4가지 원칙 문장들을 완성합니다. (인디스쿨 > 자료실> 미술에서 '글귀가 담긴 자화상'을 검색하면 관련 자료를 찾을 수 있습니다.)

이 활동은 두 시간, 때로는 그 이상 소요될 수 있으므로 넉넉하게 시간을 잡고 진행하는 것이 좋습니다. 4가지 원칙 문장을 완성하려면 1원칙 9글자, 2원칙 8글자, 3원칙 6글자, 4원칙 7글자로 총 30개의 작품이 필요합니다. 보통 손이 빠른 학생들에게 2개를 부탁하거나, 더 하고 싶은 학생들에게 아침이나 쉬는 시간을 활용해 작업하도록 요청합니다. 마감 시점까지 완성된 30개의 문구는 교실 뒤에 게시합니다.

첫 미술 시간인 이때, 저는 '다 했는데 뭐 해요?'에 대해 교육합니다. 미술 활동이나 학습지 등을 작성할 때 선생님이 계획한 시간보다 훨씬 빠르게 작품을 완성하고 "다 했는데 뭐 해요?"라고 말하는 학생들이 꼭 있습니다. 조용히 책 읽으라고 하면 "읽을 책 없는데요?" 하거나, 조용히 하고 싶은 것을 하라고 하면 "할 것 없는데요?" 하는 등, 심하면 다른 친구들을 방해하는 행동까지 하며 선생님을 곤란하게 합니다.

학생들이 활동을 빨리 마쳤을 경우, "다 했는데 뭐 해요?"라는 질문 없이 조용히 앞에 나와 다시 활동지를 가져가도록 지도합니다. 이는 활동의 목적이 완성이 아니라 연습임을 강조하기 위해서입니다. 그리기 시간의 목적은 작품을 완성하는 것이 아니라, 작품을 그리는 과정을 연습하는 데 있습니다. 따라서 '다 했다'라는 것은 없으며, 더 채울 것이 없다면 새 종이를 받아 처음부터 다시 그리는 것이 규칙이라고 교육합니다.

체육 시간에 체육 다 했다고 먼저 쉬는 사람이 없듯이 미술 시간도 마찬가지입니다.

먼저 다 하는 것이란 절대 없습니다. 주어진 시간 동안은 계속해서 그 기능을 연습하는 시간이라는 뜻입니다. 따라서 작품을 완성했다면 검사를 받은 뒤 다시 도화지를 가져가 연습하는 것이 규칙입니다. 선생님이 80분이라는 시간을 줬다면 그 시간에는 계속해서 기능을 연습해야 합니다.

이는 미술 시간뿐만 아니라, 모든 수업에 동일하게 적용됩니다. 예를 들어, 국어 시간에 학습지로 광고 만들기 수업을 진행할 때, 2시간 동안 세 개의 작품을 완성한 학생도 있었습니다. 하지만 학기 초부터 완성보다 연습이 중요하다는 점을 꾸준히 강조했기 때문에, 학생들은 불만 없이 계속 작업을 이어갔습니다. 이들은 광고를 만드는 연습이 수업의 주된 목표임을 알고 있었기 때문입니다.

그리고 이때, 손흥민 선수와 그의 아버지 손웅정 씨의 이야기를 예시로 들면 더욱 효과적입니다. 한 TV 프로그램에 출연했던 손웅정 씨의 인터뷰를 예로 들어, 이미 세계 최고의 선수 중 한 명인 손흥민 선수가 얼마나 열심히 노력하며 반복적으로 연습했는지를 설명합니다. 그리고 억대 연봉을 받으면서도 여전히 꾸준히 반복 연습을 이어가고 있다는 점을 강조하며, 연습에 완성은 없다는 사실을 학생들에게 알려줍니다.

> "두 시간은 하루도 안 빼놓고 '기본'을 했어요."
>
> ■ '손흥민 존'을 만들기 위한 연습
>  ① 매일 아침 8시부터 웨이트 트레이닝
>  ② 공지천에서 슈팅 1,000개
>
> 출처: 유 퀴즈 온 더 튜브. 2023.1.3. '축구에 진심! 손흥민의 아버지이자 스승 손웅정의 이야기'
> https://www.youtube.com/watch?v=-Qx6I9wQ-kU

지금까지 새 학기 첫날과 첫 주에 필수로 하는 루틴에 대해 안내했습니다. 표로 정리하면 아래와 같습니다.

| 순서 | 루틴 | 비고 |
| --- | --- | --- |
| 1 | 좌석표 보며 이름 확인 | |
| 2 | 첫 멘트 | 교사의 주도권 |
| 3 | 간단 인사 및 4가지 원칙 설명 | 4가지 원칙 첫 설명 |
| 4 | 교과서 배부 및 이름 쓰기 | 1원칙 '남에게 피해 주지 않기' 강조 |
| 5 | 사물함 안내 및 교과서 서랍과 사물함 분류 | 1원칙 '남에게 피해 주지 않기' 강조 |
| 6 | 이름 초성퀴즈 | 3원칙 '손 들고 말하기' 강조 |
| 7 | 선생님 소개 OX퀴즈 | 4가지 원칙 다시 강조 |
| 8 | 자기소개서 쓰기 | 1원칙과 3원칙 강조 |
| 9 | 탈락 없는 가라사대 진행 | 수업 집중력 강조 |
| 10 | 자기소개 활동-커팅스피드퀴즈 | 학생들 특성 파악 |
| 11 | 집중구호 연습 | |
| 12 | 첫 교과서 수업 때 하는 집중력 키우기 활동 | 느린 학생 파악 |
| 13 | 모둠 만들기 연습 및 번호 교육 | |
| 14 | 첫 수학 시간은 이 영상으로 | 2원칙 '용기 있게 인정하기' 강조 |
| 15 | 친구 미션 활동 | 첫날 4교시 놀이 활동 |
| 16 | 첫 미술 시간 활동 및 '다 했는데 뭐 해요?' 교육 | 4가지 원칙으로 뒤판 꾸미기 및 '다 했는데 뭐 해요?' 교육 |

# ② 주별 4가지 원칙 사수 활동

지금까지 새 학기 루틴을 설명했다면, 이번 장에서는 매주 4가지 원칙을 어떻게 일관성 있게 실천하고 강조할 수 있는지에 대해 안내하겠습니다.

### [3월 2주] 4가지 원칙 사수 활동
#### 읽기, 적기, 외우기

3월 1주 차에 4가지 원칙을 소개했다면, 2주 차에는 학생들이 이를 확실히 기억하도록 읽기, 적기, 외우기 활동을 배치합니다. 아래는 2주 차 월요일 1교시 수업 시작 전, 제가 학생들에게 하는 멘트입니다.

 주말이 지나고 학교에 오면 마치 새로 고침한 것처럼 규칙을 잊어버리는 친구들이 종종 있어요. 그래서 선생님들은 월요일에 조금 더 예민해질 수밖에 없답니다. 월요일은 한 주의 시작이라, 규칙을 잘 지키지 않는 학생들이 더 눈에 띄거든요. 오늘은 특히 4가지 원칙을 잘 지키는지 유심히 관찰하는 날입니다.

하지만 여러분은 선생님의 지적을 받지 않고 잘할 거라 믿어요. 어렵게 생각하지 말고, 선생님이 늘 강조하는 간단한 규칙인 4가지 원칙만 지키면 됩니다. 그렇게 한 주를 시작하면, 혹시 또 모르죠? 지난주처럼 이번 주에도 좋은 일이 생길지.

그럼, 4가지 원칙 하나씩 함께 읽어 봅시다.

1원칙: 남에게 피해 주지 않기

2원칙: 용기 있게 인정하기

3원칙: 손 들고 말하기

4원칙: 아침 시간 조용히

이번 주는 지난주보다 더욱 발전된 모습으로 생활하길 기대하겠습니다.

이렇게 다 같이 4가지 원칙을 읽어 보는 시간을 가지기도 하고, 원칙이 기대만큼 잘 지켜지지 않을 때는 공책에 적게 하기도 합니다. 그리고 다음과 같이 깜짝 테스트도 합니다.

> 오늘은 수업 전에 간단한 테스트를 하겠습니다. 지금 바로 4가지 원칙을 다 외울 수 있는 사람, 손 들어 볼까요?

손을 든 학생을 한 명씩 일어서게 한 뒤 4가지 원칙이 보이지 않는 곳을 향해 서게 한 후에 그것이 무엇인지 말하게 합니다. 2주 차 정도만 되어도 대부분의 학생들이 자신 있게 4가지 원칙을 외웁니다.

3월 1주 차에 4가지 원칙을 설명했다면, 2주 차에는 이를 틈틈이 읽고, 쓰고, 외우는 활동으로 학생들에게 확실히 각인되도록 노력합니다. 이러한 반복은 단순히 원칙을 기억시키기 위한 것만이 아닙니다. 이를 통해 선생님이 4가지 원칙을 정말 중요하게 여기며 절대 포기할 생각이 없다는 메시지를 학생들에게 강하게 심어줄 수 있습니다.

### [3월 3~4주] 4가지 원칙 사수 활동
### 두더지발표+디데이 미션

3월 3주 차에는 4가지 원칙 중 잘 지켜지지 않는 부분을 중심으로 디데이 미션을 진행합니다. 디데이 미션은 우리 반의 공동 목표를 설정하고 이를 눈에 잘 띄는 곳에 적어 두어, 학생들이 목표 달성을 위해 함께 노력하는 활동입니다.

우선 두더지발표를 활용하여 우리 반이 가장 노력해야 하는 점이 무엇인지 브레인스토밍을 합니다.

---

**4가지 원칙 두더지발표**

① 4가지 원칙 중 우리 학급이 가장 노력해야 할 부분 한 가지를 공책에 적는다. 이때 단순히 원칙 중 하나를 적는 것이 아니라 구체적인 행동을 적도록 한다. 예를 들어, '남에게 피해 주지 않기'에는 '물건 던지지 않기'와 같이 실제 사례와 관련된 행동을 적어야 한다.
② 문제 행동 한 가지를 적은 학생은 자리에서 일어선다.
③ 전원이 다 일어서면 손 들고 한 명씩 적은 것을 발표한다.
④ 만약 발표자가 '복도에서 뛰지 않기'라고 말했다면 같은 문장을 적은 나머지 아이들도 함께 자리에 앉는다.
⑤ 서 있는 학생 중 한 명이 또 발표한다.
⑥ 역시 발표자가 말한 것과 똑같은 것을 적은 학생들은 모두 자리에 앉는다.

---

⑦ 모두가 앉을 때까지 위 과정을 진행한다.
⑧ 가장 많은 학생을 앉게 했던 원칙이 무엇이었으며, 왜 안 지켜지며, 어떻게 지킬지 가볍게 이야기 나눈다.

두더지발표를 통해 자연스럽게 학생들은 우리 반에서 가장 노력해야 할 점이 무엇인지 스스로 생각하고, 다른 친구들의 의견도 들을 수 있습니다. 이 과정에서 많은 학생이 공통으로 지적한 문제 행동이 선생님의 의견과도 일치한다면, 이를 디데이 미션으로 선정합니다.

하지만 만약 학생들의 의견 속에 꼭 고치고 싶었던 문제 행동이 포함되지 않았다면, "여러분이 놓친 부분이 하나 있다."라며 취지를 직접 설명하고 이를 디데이 미션으로 정해도 됩니다. 그 또한 교사의 주도권입니다.

### 4가지 원칙 디데이 미션

① 칠판 상단에 'D-3 지켰으면 하는 원칙을 풀어쓰기'를 제시합니다.
   예: 소리 지르며 남에게 피해 주지 않는 우리 반
② 아래와 같이 멘트합니다.

> 여러분들과 2주 넘게 생활하면서 보니, 4가지 원칙 중 특히 이 부분이 가장 잘 안 지켜지는 것 같아요. 물론 다른 원칙들도 계속 잘 지켜야 하지만, 이번 3일 동안은 칠판에 적힌 이 부분을 더 신경 써서 실천했으면 좋겠습니다.
> 지금까지 여러분은 선생님의 어떤 제자들보다도 4가지 원칙을 잘 지켜왔고, 덕분에 지난 2주 동안 빠지지 않고 놀이하며 즐겁게 지냈습니다. 자, 모두 놀이했던 때를 떠올려볼까요? 선생님이 말했듯이, 놀이는 단순히 재미있는 활동이 아니라 인성교육이에요. 하지만 엄격한 인성교육이 필요해 보이는 상황이 생긴다면 놀이를 언제든 인성교육 학습자로 대체할 수도 있다고 했죠.

> 오늘부터 3일 동안은 다른 원칙들도 잘 지키되, 특히 칠판에 적힌 원칙을 지키도록 노력해 봅시다. 이미 잘 지키고 있는 학생들은 아직 부족한 친구들을 친절하게 도와주며 우리 반 모두가 잘 실천할 수 있도록 함께 노력했으면 좋겠습니다.
> 매일 끝나는 시간에 선생님이 오늘 하루 얼마나 잘 지켜졌는지 피드백을 줄 거예요. 그리고 3일 동안 열심히 노력한다면?
> 이번 주 금요일엔 좋은 일이 기다리고 있을지도 모릅니다! 그럼 다 같이 디데이 미션을 한 번 읽고, 수업을 시작하겠습니다.
>
> **③ 틈틈이 칠판에 적힌 미션을 강조하며 노력을 독려합니다.**

디데이 미션은 학급 공동의 목표를 칠판 상단에 크게 적어 놓음으로써 학생들이 잊지 않고 계속 노력할 수 있도록 돕는 활동으로, 학생들에게 단기적인 성취감을 제공하고, 4가지 원칙에 대해 긍정적인 마음을 심어주는 것이 목적입니다. 특히, 4가지 원칙만 잘 지키면 즐거운 놀이도 할 수 있는 행복한 반을 만들 수 있다는 메시지는 학생들에게 큰 동기부여가 됩니다.

칠판에 미션을 적을 때는 반드시 4가지 원칙 중 한 문장을 포함하여 세부적인 목표를 구체적으로 작성하는 것이 좋습니다. 예를 들어, 단순히 '복도에서 뛰지 않기'라고 하기보다는, '복도에서 뛰며 남에게 피해 주지 않기'처럼 4가지 원칙과 관련지어 문구를 정하는 것이 효과적입니다.

이렇게 적어두기만 하고 끝내는 것이 아니라, 수업 중 틈틈이 손가락으로 미션을 가리키며 강조하거나, 학생들에게 "이 부분 잘 지키고 있나요?"라고 상기시키는 등 지속적인 관심을 보여주는 것이 중요합니다. 때로는 칭찬으로 동기를 부여하거나, 가볍게 경고하며 밀당하는 방식도 활용할 수 있습니다. 글자는 학생들의 시선을 끌 수 있도록 눈에 잘 띄게 크게 적는 것이 좋습니다.

디데이는 언제 시작하든 금요일에 종료되도록 설정하는 것이 바람직합니다. 문제 행동의 난이도에 따라 쉬운 행동은 4일 정도, 조금 더 어려운 행동은 2~3일로 짧게 설정하면 학생들이 부담 없이 집중할 수 있습니다.

디데이를 시작하고 다음 날 아침이 되면, 학생들이 보는 앞에서 칠판에 적힌 숫자를 하나 줄이며 "이제 2일만 더 노력하면 즐거운 놀이 시간을 가질 수 있다."라는 점을 계속 알려줍니다. 그리고 학생들이 노력하는 태도가 잘 보이지 않을 때는 이를 환기시키기 위해 분위기를 다시 한번 다잡습니다.

 공책을 꺼내세요. 그리고 칠판에 적힌 선생님의 미션을 모두 따라 적어 봅시다.

(다 적은 후) 선생님이 단순히 말로만 하지 않고 칠판에 적고, 여러분에게 공책에까지 쓰게 하는 이유는 이 미션을 지키기 위해 모두가 더 노력할 필요가 있다고 느꼈기 때문입니다. 오늘은 경고 1단계가 적용됩니다.

3월 첫날부터 선생님은 4가지 원칙을 절대 포기하지 않을 것이라고 계속 말해 왔습니다. 여러분이 노력하지 않는다면, 선생님은 더 힘든 방식으로라도 반드시 이 원칙을 지키게 만들 생각입니다. 오늘은 2~3줄만 공책에 적었지만, 이번 주 금요일에는 놀이 대신 10줄을 쓰게 될 수도 있고, 다음 주에는 20줄이 될 수도 있습니다.

지금까지 우리는 놀이를 통해 인성교육을 받아왔지만, 그것이 당연한 것은 아니라고 했죠. 선생님은 언제든지 여러분이 4가지 원칙을 제대로 지킬 수 있도록 공책에 더 많이 쓰게 할 수도 있습니다. 따라서 남은 디데이 기간에 이 원칙을 잘 지키도록 최선을 다하길 바랍니다.

완벽할 필요는 없습니다. 하지만 노력하는 모습만 보여줘도 충분하다는 것을 꼭 기억하세요.

디데이 마지막 날인 금요일 아침에도 비슷한 방식으로 학생들에게 미션을 상기시킵니다. 마지막 시간에 놀이할 수 있다는 기대감 덕분에, 학생들은 평소보다 더욱 4가지 원칙을 잘 지키려고 합니다. 예전에는 금요일만 되면 학생들이 점점 말을 듣지 않아 어려움이 많았습니다. 그러나 4가지 원칙과 놀이를 활용한 밀당 덕분에 이제는 오히려 평온하고 질서 있는 금요일을 맞이할 수 있게 되었습니다.

오늘은 금요일, 마지막 교시는 인성교육 시간입니다. 역시 선생님은 2가지 루틴으로 인성교육을 준비한 상태입니다. 인성 학습지와 인성 놀이. 선택은 여러분의 몫이고, 행복한 생활을 위해서는 무엇보다 노력이 필요합니다. 선생님은 늘 말합니다. 완벽하지 않아도 괜찮아요. 중요한 건 노력하는 모습을 보여주는 것입니다. 그리고 이 노력은 혼자만으로는 이룰 수 없습니다. 잘하는 친구들이 못하는 친구들을 도와주고 응원하며 함께 목표를 달성할 수 있을 때 더 큰 의미가 있습니다. 서로 비난하거나 실망하기보다 격려하고 응원하는 모습을 많이 보여준다면, 선생님은 부족한 부분이 조금 있더라도 인성교육을 놀이로 할 것이라는 약속을 합니다. 오늘 마지막 시간 전까지 모두 함께 열심히 노력해서, 행복한 마음으로 주말을 맞이할 수 있길 바랍니다.

학급경영 주도권 단원에서 언급했듯이, 결과와 상관없이 금요일 마지막 교시는 항상 놀이로 마무리합니다. 4가지 원칙을 잘 지켰다면 놀이를 시켜주고, 완벽히 지키지 못했더라도 노력한 학생들이 많이 있었기에 상향 평준화를 목표로 놀이를 진행합니다.

심지어 학생들이 문제를 많이 일으켰더라도, 상향평준화를 생각하며 항상 노력하는 학생들이 있다는 사실을 떠올리며 놀이를 진행하는 것이 좋습니다. 이렇게 하면 4가지 원칙에 대한 긍정적인 영향을 주고, 잘하는 학생들을 더 잘하게 만드는 효과를 얻을 수 있습니다. 무엇보다도, 학생들과의 신뢰를 깊게 쌓는 계기가 됩니다.

결국 학급경영은 학생들의 마음을 얻느냐 아니냐에 따라 성패가 갈립니다. 학생들의 마음을 얻으면 어떤 방식으로도 성공할 수 있지만, 마음을 얻지 못한다면 아무리 대단한 방법을 사용하더라도 실패할 수밖에 없기 때문입니다. 다음은 학생들이 마음에 들지 않던 날 금요일 마지막 시간에 한 멘트입니다.

이번 주는 선생님이 여러 번 강조했음에도 불구하고, 여러분의 노력하는 모습이 부족했다고 느껴졌습니다. 그래서 지금부터 도덕책을 꺼내 선생님이 말하는 부분을 필사하도록 하겠습니다. (5분 뒤) 이제 모두 차렷하고 선생님을 봅니다.
이제 용기 있게 인정하기 시간입니다. 이번 주에 4가지 원칙을 열심히 지키지 못했다고 생각하는 학생은 손을 들어보세요. (학생들이 손을 들면) 잘했습니다. 선생님은 늘 말했죠. 여러분은 당연히 실수할 수 있는 나이이며, 중요한 것은 용기 있게 자신의 잘못을 인정하고 점점 발전해 나가는 거라고요. 이렇게 잘못을 용기 있게 인정하는 모습을 보니, 선생님도 여러분을 더 기다려줘야겠다는 생각이 들었습니다. 그래서 앞으로 더 잘하라는 뜻으로 공책을 집어넣고 놀이 시간을 가지도록 하겠습니다.

모두 박수!

실망했던 학생들도 선생님의 갑작스러운 관대함(?)에 환한 미소를 지으며 큰 박수를 칩니다. "선생님 최고!"나 "놀이하게 해주셔서 감사합니다!"를 연신 외치며 즐겁게 놀이를 합니다. 하교할 때도 그 기쁨을 안고 떠납니다. 그런 학생들의 모습을 바라보는 선생님의 마음 역시 밝아지고 따뜻해집니다.

예전처럼 금요일에 학생들을 혼내며 기분 좋지 않은 채로 찝찝하게 주말을 맞이하던 때와는 달리, 이제는 근심 없이 평온한 마음으로 주말을 시작할 수 있습니다. 이러한 변화는 1년이라는 긴 학급운영의 레이스를 건강하고 지속 가능하게 이끌어가는 핵심 요소가 됩니다.

학생들이 잘하든 못하든 결국 놀이를 시켜주는 것은 단순히 학생들만을 위한 것이 아니라 선생님 자신을 위한 길이기도 합니다.

[4월 1~2주] 4가지 원칙 사수 활동
**포스트잇 체크리스트**
3월 한 달 동안 공동의 목표를 정하고 실천했다면 4월은 개별 목표를 달성하는 경험을 가져 봅니다. 포스트잇을 한 장씩 학생들에게 나눠주고 아래와 같이 활동합니다.

---

### 포스트잇 체크리스트

① 4가지 원칙 중 내가 가장 노력해야 할 목표를 한 개 적고 아래 월요일부터 금요일까지 표를 만들기

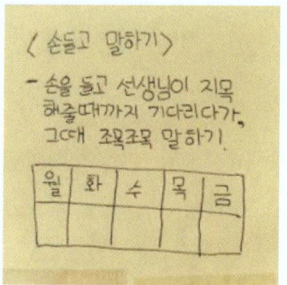

② 책상의 가장 잘 보이는 곳에 포스트잇을 붙이기
③ 매일 포스트잇에 적은 것을 열심히 실천하며 집에 가기 전이나 다음 날 아침에 본인의 점수를 스스로 체크해 보기

---

선생님은 학생들에게 이동 수업에 갈 때나 하교 후에 모든 포스트잇의 점수를 매일매일 확인할 것이라고 말합니다. 그리고 점수가 낮은 것이 못

하는 것이 아니라, 양심을 어기고 잘하지 못했음에도 높은 점수를 적는 것이 오히려 가장 큰 잘못이라고 이야기합니다. 낮은 점수를 적은 학생들은 용기 있게 자신의 부족함을 인정하는 태도를 보여준 것이며, 금요일로 갈수록 점점 발전하면 된다고 격려합니다. 그리고 양심을 지키지 않는 것은 4가지 원칙 중 2원칙인 용기 있게 인정하기마저 어기는 것이라는 점을 확실히 이야기합니다.

학생들은 스스로 세운 목표이기 때문에 더 잘 지키고자 하는 마음이 생기며, 목표가 항상 눈에 띄는 곳에 붙어 있어 매일 잊지 않고 상기할 수 있습니다. 또한 본인이 어제 적은 점수를 보며 오늘은 더 높이고 싶다는 마음이 드는 것은 자연스러운 감정이기에, 학생들은 스스로 동기를 부여받게 됩니다.

마지막 날인 금요일 아침에는 아래와 같은 멘트를 통해 학생들의 동기를 한 번 더 높입니다.

> 지금까지 여러분이 스스로 체크한 포스트잇을 선생님이 모두 확인했습니다. 이번 활동의 목표는 여러분이 자신의 생활을 스스로 점검하고, 용기 있게 인정하는 자세를 가지는지를 테스트하는 데 있습니다. 오늘도 여러분이 적은 목표를 달성할 수 있도록 최선을 다해 주길 바랍니다. 마지막 시간 전에 최종 점검을 할 예정이니 끝까지 노력해 보세요. 만약 용기 있게 인정하면서도 높은 점수가 많고, 그 점수에 선생님도 공감할 수 있다면? 오늘 마지막 시간도 행복하게 끝나겠죠?

6교시를 앞두고 5교시 마지막 10분 정도를 활용하여 학생들이 금요일 점수를 적도록 하고, 이어서 포스트잇 뒷면에 소감과 반성을 작성하게 합니다. 작성이 끝난 후, 이 반성 글이 보이도록 포스트잇을 테이프로 책상에 붙여 놓습니다. 학생들이 다음 주 월요일에 다시 학교에 왔을 때, 지난 금요일에 자신이 느꼈던 반성을 다시 한번 확인하며 새로운 다짐을 할 수 있도록요. 진지하게 열심히 반성 글을 써야 6교시에 놀이를 할 수 있다는 밀당도 가미하면 5교시 후 쉬는 시간까지도 반성 글 작성에 몰두하는 학생들을 보고 선생님도 놀라게 될 겁니다.

다음 주 월요일이 되면 우선 책상에 붙어 있는 반성 글을 읽어보게 합니다. 그리고 다음과 같이 멘트합니다.

 지난주부터 4가지 원칙 관련된 목표를 여러분들 책상에 붙이고 실천하고 있습니다. 지금까지 선생님이 판단하기에, 솔직히 열심히 하는 학생들도 많지만 그렇지 않은 학생들도 많은 것 같습니다. 눈에 잘 보이는 포스트잇은 신경도 안 쓰고 대충 생활하는 학생들이 분명 있습니다.

자! 용기 있게 인정하기 시간입니다. 우리 반은 용기 있게 인정하기를 정말 잘하는 반입니다. 그래서 선생님은 항상 여러분들을 믿고 있습니다. 나는 포스트잇에 적힌 목표를 실천하기 위해 별로 노력하지 않았다. 그런 학생들은 지금 일어서! 좋아요. 모두 앉으세요.

선생님은 지금 일어선 학생들이 앞으로 더 노력하리라는 것을 믿습니다. 그리고 방금 일어나지 않은 학생들은 분명 이번 주에도 잘할 자신이 있었기에 당당히 앉아 있었다고 생각합니다. 그래서 여러분을 더 잘 관찰해 보려 합니다. 자, 이번 주도 지난주처럼 포스트잇을 한 장씩 받고 개별 목표를 세워 보세요.

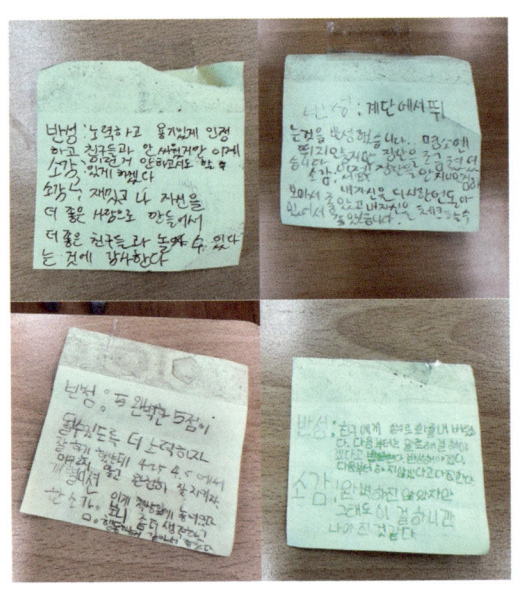

[4월 3~4주] 4가지 원칙 사수 활동
**'너도? 나도!' + 공동의 목표로 포스트잇 체크리스트**

이번 주부터 다음 주까지는 개별 목표가 아닌 공동의 목표를 하나 설정한 뒤 그것을 책상에 붙이고 개별로 점수를 매기는 활동을 합니다. 우선 공동의 목표는 선생님께서 설정하셔도 좋고 학생들이 거수로 발표해도 좋습니다. 만약 발표력이 좋지 않은 반이라면 '너도? 나도!' 게임을 활용하기도 합니다.

### 4가지 원칙 너도? 나도!

① 4가지 원칙 중 우리 학급이 가장 노력해야 할 3가지를 공책에 적는다. 이때 원칙 자체를 적는 것이 아니라 구체적인 행동을 적도록 한다. 예를 들어, '남에게 피해 주지 않기'에는 '물건 던지지 않기'와 같이 실제 사례와 관련된 행동을 적어야 한다.
② 모두 다 적으면 한 명씩 돌아가며 그중 1가지를 발표한다.
③ 발표자가 '소리 지르지 않기'라고 말했다면 같은 문제 행동을 적은 나머지 아이들이 "나도!"를 외치며 자리에서 일어선다.
④ 교사는 일어난 학생이 몇 명인지 세어 본 뒤 이를 점수로 준다. 예를 들어, 7명이 일어났다면 '소리 지르지 않기'를 적은 학생은 모두 7점 획득하는 것이다.
⑤ 다음 발표자도 한 가지를 이야기한다. 그리고 똑같은 것을 적은 학생들은 모두 자리에 일어서며 일어나 그 수만큼 점수를 가져간다.
⑥ 돌아가며 모두 한 번씩 발표하고, 얻은 점수를 합산한다.
⑦ 가장 많은 학생이 일어섰던 문제 행동이 무엇이었으며, 왜 안 지켜지며 어떻게 지킬지 가볍게 이야기 나눈다.

위의 방법으로 공동의 목표를 정한 뒤, 포스트잇 체크리스트 활동을 진행합니다. 이번에는 개별 미션이 아닌 공동 미션이기 때문에, 학생들은 다른 친구들의 눈치(?)를 의식하며 더 양심적으로 자신의 하루 태도를 점수로 평가하려는 모습을 보입니다.

**[5월 1~2주]** 4가지 원칙 사수 활동

## 선생님의 칠판 체크리스트

학생들이 스스로 자신의 점수를 평가한 4월이 지나면 다시 교사가 주도적으로 평가합니다. 포스트잇에 적었던 목표와 체크리스트를 칠판의 잘 보이는 곳에 붙여 두고, 매일 마지막 시간에 교사가 직접 오늘 하루의 점수를 적으면 됩니다. 이때 월요일부터 화요일까지는 학생들이 잘하는 편이라도 일부러 꼬투리를 잡아 점수를 낮게 주며, 금요일 인성교육 시간에 놀이할 확률이 낮아지고 있다는 멘트를 더해 노력을 독려합니다. 반대로 수요일부터 금요일로 갈수록 학생들의 태도와 상관없이 잘한 점을 찾아 칭찬을 많이 해주며 점수를 높게 주는 방식으로 '월밀금당'을 실천합니다.


**[5월 3~4주]** 4가지 원칙 사수 활동

## 4가지 원칙 보안관

보통 학생들의 문제 행동은 교사가 직접 통제하기 어려운 장소와 시간에 자주 발생합니다. 쉬는 시간과 점심시간에 교실 밖에서 노는 학생들이 대표적인 예가 될 수 있겠죠. 그래서 4가지 원칙 보안관을 선정하여 이를 관리하고 경각심을 주는 활동을 합니다. 우선 아래와 같이 멘트합니다.

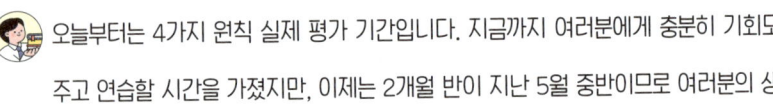 오늘부터는 4가지 원칙 실제 평가 기간입니다. 지금까지 여러분에게 충분히 기회도 주고 연습할 시간을 가졌지만, 이제는 2개월 반이 지난 5월 중반이므로 여러분의 생

활 태도가 중요하게 평가될 수 있습니다. 생활 태도는 필요에 따라 생활기록부에도 반영될 수 있다는 점을 기억하세요. 한 달 뒤에는 선생님이 생활통지표를 작성하는 기간이기 때문입니다. 평가는 선생님이 공식적으로 관찰하고 기록하는 관찰 평가도 있지만, 동료 평가라는 방법도 있습니다. 동료 평가는 선생님이 아닌 또래 친구들이 여러분을 관찰하고 평가하는 방식입니다. 그래서 이번 주부터는 동료 평가의 하나로 4가지 원칙 보안관 활동을 시작하겠습니다.

### 4가지 원칙 보안관

① 남에게 피해 주지 않기 관련 우리 반이 가장 노력해야 할 문제 행동을 하나씩 쪽지에 적는다. 예: 복도에서 뛰지 않기
② 쪽지에 본인 이름도 적고 2번 접어 제출한다.
③ 모두 하나씩 제출하면 선생님은 무작위로 쪽지 한 개를 뽑는다.
④ 뽑은 쪽지의 내용을 읽어 보고 선생님도 동의한다면 칠판에 'D-2 (뽑힌 문제 행동)'을 적는다.
⑤ 선정된 쪽지의 주인은 이틀 동안 4가지 원칙 보안관이 되어 쉬는 시간, 점심시간에 해당 행동을 동료들이 잘 지키는지 평가한다. (보안관에게 학생 명부를 주고, 안 지킬 때마다 하나씩 체크하도록 한다.)
⑥ 이틀 뒤 선생님은 명부를 다시 받아 체크를 많이 당한 학생들은 따로 불러 지도한다. 그리고 전체 학생들을 대상으로는 미션 성공 여부를 발표한다.
  * 체크 당한 학생 수가 많든 적든 아슬아슬하게 성공했다고 말한다. 그러나 다음에 더 노력하지 않으면 실패할 수 있다는 멘트와 함께 잘해 보자는 의미로 짧은 놀이 시간을 보상으로 준다.
⑦ 다시 학생들이 제출한 쪽지 중 새로 하나를 뽑고 이틀 동안 보안관 활동을 한다.
⑧ 이렇게 이틀씩 나누어 디데이와 4가지 원칙 보안관을 한다. 그리고 끝날 때마다 짧은 시간이라도 놀이 시간을 보상으로 주어 격려하며 밀당한다.
  * 만약 이틀마다 놀이하는 게 부담스럽다면, 4가지 원칙 보안관을 연속으로 2번 모두 성공했을 때 금요일 놀이 시간을 주겠다고 밀당한다.

4가지 원칙 보안관은 학생이 학생을 평가하기 때문에 그만큼 주의할 점이 많습니다. 본격적인 활동을 시작하기 전에, 아래와 같은 멘트를 통해 중요한 점을 강조하며 판을 깔아 둡니다.

> 4가지 원칙 보안관은 여러분들의 친구이기도 하지만, 선생님이 없는 곳에서 선생님의 역할을 대신하는 공식적인 역할입니다. 선생님이 여러분을 평가할 때 누군가 참견하거나 몰래 보려는 행동은 큰 문제가 되겠죠? 마찬가지로, 보안관이 체크하는 것을 참견하거나 몰래 보는 것 역시 크게 선을 넘는 행동임을 명심하길 바랍니다.
>
> 보안관 또한 선생님의 역할을 대신하는 만큼, 장난을 치거나 대충하는 태도를 보여서는 안 됩니다. 이런 행동은 선생님의 대원칙인 '남에게 피해를 주지 않기'를 어기는 것이 되기 때문입니다.
>
> 만약 선을 넘는 행동을 하는 학생이 있다면, 선생님이 따로 불러 엄하게 지도할 것입니다. 상황에 따라 생활기록부에 그대로 반영될 수도 있습니다. 반대로, 선을 넘지 않고 보안관 활동을 열심히 하고, 본인이 체크된 부분에 대해 용기 있게 인정한다면, 선생님이 엄하게 지도하거나 생활통지표에 반영하는 일은 없을 것입니다.
>
> 즉, 남에게 피해를 주지 않고, 용기 있게 인정하기만 하면 아무 문제가 없다는 뜻입니다. 앞으로 이틀 동안, 우리 반의 평화를 위해 4가지 원칙 보안관 활동을 잘 실천해 주기를 바랍니다.

학생들이 돌아가며 4가지 원칙 보안관 역할을 하는 활동은 결국 4가지 원칙을 지속적으로 지키고 사수하는 데 그 의의가 있습니다. 따라서 결과에 너무 신경 쓰지 않아도 괜찮습니다. 학생들의 성향에 따라 열심히 하는 학생도 있겠지만, 대충하거나 장난으로 하는 학생도 있을 수 있습니다. 보안관 역할은 이틀마다 바뀌므로, 잘하지 못하는 학생들을 혼내며 부정적인 에너지를 쏟기보다는 열심히 하는 학생들을 칭찬하며 상향평준화의 관점에 집중해야 합니다.

### [6월 1~2주] 4가지 원칙 사수 활동
#### 4가지 원칙 비밀의 마니또

보안관 활동을 통해 동료평가를 간단히 체험해 보았다면, 이번에는 4가지 원칙 비밀의 마니또 활동을 통해 모두가 서로를 평가하는 경험을 가져 보겠습니다. 이 활동을 시작하기 전에, 학생들에게 아래와 같은 멘트를 전합니다.

> 지난주까지는 보안관을 한 명 정해 여러분들의 4가지 원칙 생활 태도를 점검했다면 오늘부터는 모두가 보안관이 되어 동료의 4가지 원칙을 평가하는 활동을 하겠습니다. 하지만 긴장할 필요 없습니다. 여러분들이 좋아하는 마니또 활동으로 진행할 계획이기 때문입니다. 그리고 이번 활동을 잘해 준다면 언젠가 진짜 마니또 활동도 하도록 하겠습니다.

먼저 아래의 학습지를 나눠주고 주의사항을 함께 읽어 봅니다.

# 4가지 원칙 비밀의 마니또

### <주의사항>

1. 마니또뿐 아니라 여러 명에게 하기(1명에게만 하면 티 나겠죠?)
2. 비밀 지키기(가장 친한 친구에게도 말하지 마세요)
3. 누가 누구 마니또인지 추리해서 말하기 금지
• 1~3번을 안 지키면 마니또 활동을 망치게 되므로 남에게 피해를 주는 것입니다.
4. 금전적인 선물 안 됨.
5. 필통은 항상 열어 두세요. 편지 넣기 좋음
6. 마음에 안 드는 친구라고 인상 쓰고 대충 하지 않기(차라리 4가지 원칙이라도 철저히 감시)

## 4가지 원칙 관찰 일지

| 아침 시간 조용히<br>(아침 시간은 조용한가? 주로 무엇을 하는가? 몇시에 오는가 등) | 손들고 말하기<br>(손들고 말하기 지키는가? 수업 중 어떤 행동을 하나, 태도 어떤가) |
|---|---|
| 남에게 피해 주지 않기<br>(쉬는 시간에 주로 무엇을 하나, 남에게 피해는 안주는가, 어떤 피해를 주는가, 피해를 안준다면 어떻게 잘 행동하는가? 등) | 용기 있게 인정하기<br>(친구들에게 잘못이나 실수했을 때 바로 사과하는가, 선생님이 인정하기 질문했을 때 당당하게 인정하는가 등) |

| 마니또에게 반갑게 인사하기<br>(하루 한 번만 체크 가능) | 마니또가 발표나 활동을<br>잘했을 때 박수쳐 주기<br>(하루 한 번만 체크 가능) | 마니또에게 말 걸기<br>(이거 좋아해? 어제 뭐 했어 등<br>하루 2번만 가능) |
|---|---|---|
| 마니또 도와주기<br>(하루 두 번만 체크 가능) | 마니또에게 양보하기<br>(급식시간이나 전담시간 줄설 때,<br>급식 등, 하루 두 번 가능) | 친구들 앞에서 마니또 칭찬하기<br>(마니또가 없어도 다른 친구들에게<br>마니또에 대해 칭찬,<br>하루 두 번만 체크) |
| 마니또 웃게 만들기<br>(하루 2번만 가능) | 마니또 자리 쓰레기 줍기 또는 청소<br>(하루 한 번씩만 가능) | 마니또에게 편지쓰기<br>(마니또의 장점, 칭찬 등)<br>몰래 책상 위에 올려두기<br>(하루 한 번 가능) |
| 마니또의 오늘 모습 그리기 | 마니또에게 하고 싶은 말 | 마니또 활동 후 편지<br>(칸 부족하면 뒷면 활용) |

주의사항에 적힌 것처럼, 마니또 활동을 대충 하거나 규칙을 어기면 1원칙을 어긴 것이 됩니다. 따라서 주의사항을 철저히 지킬 것을 약속합니다. 알겠습니까? 4가지 원칙 관찰일지와 미션들을 열심히 한다면 선생님은 앞으로도 이런 재미있는 활동들을 계속 준비할 수 있겠죠? 이번 주는 4가지 원칙 비밀의 마니또 활동을 제대로 해보는 것을 목표로 하겠습니다.

각자 마니또를 한 명씩 뽑은 뒤 설레는 마음으로 활동을 시작합니다. 일반적인 마니또와는 달리 구체적으로 해야 할 일들이 정해져 있어, 대부분 학생들이 어렵지 않게 활동에 참여합니다. 교사가 가져야 할 마음가짐과 주의사항은 다음과 같습니다.

### 4가지 원칙 비밀의 마니또 주의사항

① 전혀 참여하지 않거나 대충하는 학생은 반드시 있습니다. 처음부터 이에 대한 기대치를 낮추는 것이 좋습니다. 하지만 학생들은 대부분은 이 활동을 매우 좋아하며, 열심히 미션을 수행하려고 노력합니다. 따라서, 상향평준화의 관점으로 접근하면 긍정적인 성과를 얻을 수 있습니다.
② 뽑을 때 선생님 이름도 넣어도 됩니다. (선생님은 과연 4가지 원칙을 지키고 있는가?)
③ 자기 이름을 뽑았을 경우, 하고 싶은 친구 한 명을 알아서 정해서 관찰하거나 아니면 스스로를 관찰하는 것 중 하나를 선택하라고 합니다. 또는 선생님이 비밀스럽게 한 명에게 부탁해 관찰하겠다고 말합니다. 학생의 성향에 따라 유연하게 대안을 찾으면 됩니다.

⑤ 금요일까지 활동 후 정리는 다음과 같이 합니다.
   A 학생부터 일어나 내 마니또가 누군지 추리하기
   B가 A의 마니또라면 일어나서 A에게 한 미션 간단하게 읽기
   이제 B가 자신의 마니또 누군지 추리하기
   C가 B의 마니또라면 일어나서 B에게 한 미션 간단하게 읽기

이와 같은 방식으로 돌아가며 발표하고 활동을 끝냅니다. 생각보다 시간이 꽤 걸리는 활동이기 때문에 시간을 확보한 뒤 여유롭게 하시는 것이 좋습니다.

마니또 활동은 잘 진행되었을 경우, 4가지 원칙을 사수하는 효과를 넘어 학급 분위기를 긍정적으로 변화시키는 데 큰 효과가 있습니다. 보통 마니또 활동을 시작할 때 학생들에게 다음과 같은 멘트를 합니다.

미션에는 마니또에게 인사하기, 말 걸기, 도와주기, 칭찬하기, 청소해 주기 등이 있습니다. 하지만 내 마니또에게만 미션을 수행한다면, 금세 정체가 발각되겠죠? 마니또 활동을 잘하는 학생들은 자신의 정체를 숨기면서도 미션을 매우 잘 수행합니다. 그 비법은 무엇일까요? 바로 마니또뿐만 아니라 주변 학생들에게도 똑같이 미션을 하는 것입니다. 예를 들어, 마니또에게만 인사하지 않고 주변 친구들에게도 똑같이 인사하기, 마니또의 책상 주변만 청소하지 않고 주변 책상까지 모두 청소하기. 이렇게 하면 자신의 정체를 숨기면서도 미션을 대놓고 쉽게 수행할 수 있는 전략이 됩니다. 이 방법은 누구나 노력만 하면 쉽게 미션을 수행할 수 있고, 마니또의 정체도 숨길 수 있는 좋은 비법이니 잘 써먹길 바랍니다.

너도나도 이 비법을 수행하기 시작하면 친하지 않은 친구와도 반갑게 인사하고 격려하고 자리도 청소해 줍니다. 그러면서 반 전체 분위기가 긍정의 에너지로 가득 차는 놀라운 효과를 누릴 수 있게 됩니다. 그래서 매년 마니또 활동을 하며 학생들이 열심히 하도록 수시로 독려하는 편입니다. 물론 이런 분위기 조성에 실패하셔도 괜찮습니다. 이 활동을 시도하신 것만으로도 이미 4가지 원칙을 일관적으로 사수하고 있으며, 그 의지를 학생들에게 보여주는 것 자체로 성공이라고 할 수 있습니다. 매년 반복하며 더 잘 진행하면 되는 것이니까요.

**[6월 3~4주]** 4가지 원칙 사수 활동
### 나를 행복하게 만드는 것

6월 중반 이후는 교사들에게 가장 바쁜 시기가 찾아옵니다. 밀린 진도와 성적처리 때문입니다. 우선 아래와 같이 멘트합니다.

> 이제 방학식까지 학교 오는 날이 딱 ○○일 남았습니다. 곧 여러분들은 즐거운 여름 방학을 맞이하게 됩니다. 선생님은 여름 방학식 전에, 열심히 4가지 원칙을 지켜 온 여러분들을 위해 여러 가지 즐거운 활동들을 계획했습니다. 보드게임 파티, 과자 파티, 영화, 가가볼 2시간 하기, 피구 하기, 교실 놀이 등을 선생님은 충분히 다 하게 해 줄 능력이 있습니다.
> 하지만 방학이 얼마 남지 않았다고 4가지 원칙을 대충 지키며 노력하지 않는 학생

들도 있었습니다. 선생님은 이런 모습을 너무나 많이 경험했기 때문에 각종 학습지를 미리 준비해 두었어요. 열심히 하지 않는 학생들에게 굳이 즐거운 시간을 만들어 주고 싶지 않습니다.

따라서 선생님의 선택은 여러분들의 노력에 달려 있습니다. 방학을 앞두고도 4가지 원칙을 열심히 지키고자 더욱 노력한다면 그 어떤 반보다 즐겁고 알차게 남은 하루를 보낼 것입니다. 잘할 수 있나요?

그리고 학생들에게 진도가 다 나가면 무엇을 하고 싶은지 의견을 묻고 칠판에 아래와 같이 적어 둡니다.

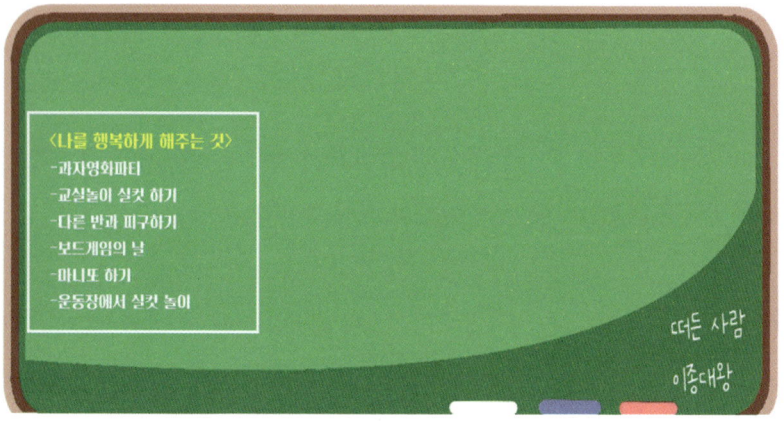

이제 진도를 나가는 중간중간에 칠판에 적힌 것을 가리키며 더 열심히 하자고 독려하면 되겠습니다.

지난번에 말했듯이, 방학이 얼마 남지 않았다고 4가지 원칙을 대충 지키며 생활했던 제자들이 많았다고 했죠. 그런데 다행히도 여러분은 지난주에 오히려 더 열심히 잘해 줬습니다. 이번 주도 그렇게 할 수 있겠죠? 앞에 적혀 있는 '나를 행복하게 해주는 것'을 다 같이 읽어 보겠습니다.

방학을 앞두고도 더 열심히 4가지 원칙을 지키고자 노력한다면, 여러분은 그 어떤 반보다도 즐겁고 알차게 남은 하루하루를 보낼 수 있을 것입니다. 선생님은 이미 이를 위한 준비를 철저히 해두었어요. 이번 주는 그 어느 때보다 더 열심히 최선을 다해 4가지 원칙을 지키도록 하겠습니다. 알겠습니까?

**[7월 1~2주]** 4가지 원칙 사수 활동

## 디데이 미션

월요일은 밀고 금요일은 당기듯이 3~6월은 민다면 7월은 당기기만 해도 충분합니다. 어차피 긴 방학 동안 학생들은 초기화되고, 2학기부터는 새롭게 시작해야 하기 때문입니다. 7월 방학까지는 우선 남은 진도는 최대한 빨리 마무리하는 데 집중합니다. 각 교과, 특히 국어과는 중복되는 내용이 많아, 때로는 도덕, 사회, 미술과 통합하며 과감하게 합치는 것도 괜찮습니다. 이렇게 확보한 시간은 디데이 미션을 진행하며 끝날 때마다 칠판에 적어둔 '나를 행복하게 해주는 것'을 하나씩 하는 데 씁니다.

[여름 방학] 4가지 원칙 사수 활동

## 4가지 원칙 여름 방학 체크리스트

방학 중에도 4가지 원칙은 계속됩니다. 아직 2학기가 남았기 때문에 4가지 원칙의 감각을 잃지 않도록 일상생활에 맞게 응용했습니다. 실제로도 4가지 원칙만 잘 지키면 학교에서만이 아니라 일상생활에서도 올바른 시민이 될 수 있습니다. 남에게 피해 주지 않는 시민, 용기 있게 인정하는 사람이라면 어떤 세상도 바르게 잘살 수 있으니까요.

### 4원칙 여름 방학 체크리스트

*체크할 땐 날짜 적기(예: 7/23)  *자신을 속이지 않기     이름: (        )

| 남에게 피해주지 않기 | 용기있게 인정하기 | 아침 시간 조용히 할 일 하기 |
|---|---|---|
| 집(밖)에서 뛰거나 소리 지르지 않기 | 잘못했을 때 부모님께 용기 있게 인정 | 아침에 30분간 운동하기 (줄넘기, 걷기, 조깅 등) |
| 집에서 부모님께 피해 안 주게 집안일 돕기 | 잘못했을 때 형제(친구)에게 용기 있게 인정 | 집에서 아침에 조용히 30분간 책읽기 |
| 공공장소에서 남에게 피해주지 않기 (학원, 식당 등) | 학원 선생님에게 용기 있게 인정 | 집에서 아침에 조용히 30분간 공부하기 |
| 밖에 쓰레기 버리지 않기 무단횡단하지 않기 | 주변 이웃이나 모르는 사람과 일이 생겼을 때 용기 있게 인정 | 집에서 아침에 조용히 30분간 집안일 돕기 |
| <직접 써보기> | <직접 써보기> | <직접 써보기> |
| <직접 써보기> | <직접 써보기> | <직접 써보기> |

방학 중 관찰한 남에게 피해주는 장면(뉴스도 좋아요)
(1)
(2)

참고로 이는 방학 중 해야 하는 활동인 것은 많지만 그렇다고 숙제의 개념은 아닙니다. 방학이 끝나고 학생들이 가져왔을 때 열심히 한 학생들은 무한 칭찬을 하고 그렇지 않은 학생들은 가벼운 잔소리와 함께 그냥 넘어가셔도 좋습니다. 방학 중에도 선생님이 4가지 원칙을 강조할 정도로 진심인 것을 표현할 의도이며 그 목적은 과제를 내주는 순간 이미 달성되었기 때문입니다.

### [2학기] 4가지 원칙 사수 활동
### 1학기의 반복

2학기는 1학기의 루틴을 반복합니다. 아래 표로 한눈에 보기 쉽게 정리했습니다.

| 시기 | | 4가지 원칙 사수 활동 | 비고 |
|---|---|---|---|
| 3월 | 1주 | 4가지 원칙 소개 | 전체 교육 |
| | 2주 | 4가지 원칙 읽기, 적기, 외우기 | 개인별 내면화 |
| | 3~4주 | 두더지발표+디데이 미션 | 공동의 목표 |
| 4월 | 1~2주 | 포스트잇 체크리스트 | 자기 평가 |
| | 3~4주 | '너도? 나도!'+공동의 목표로 포스트잇 체크리스트 | 자기 평가 |
| 5월 | 1~2주 | 선생님의 칠판 체크리스트 | 공동의 목표 |
| | 3~4주 | 4가지 원칙 보안관 | 동료 평가 |
| 6월 | 1~2주 | 4가지 원칙 비밀의 마니또 | 동료 평가 |
| | 3~4주 | 나를 행복하게 만드는 것 | 공동의 목표 |
| 7월 | 1~2주 | 디데이 미션 | 공동의 목표 |
| 방학 | | 4가지 원칙 여름 방학 체크리스트 | |
| 9월 | 1~2주 | 4가지 원칙 다시 안내 및 읽기, 적기, 외우기 | 개인별 내면화 |
| | 3~4주 | 디데이 미션 | 공동의 목표 |

| 10월 | 1~2주 | 포스트잇 체크리스트 | 자기 평가 |
|---|---|---|---|
| | 3~4주 | '너도? 나도!'+공동의 목표로 포스트잇 체크리스트 | 자기 평가 |
| 11월 | 1~2주 | 선생님의 칠판 체크리스트 | 공동의 목표 |
| | 3~4주 | 4가지 원칙 보안관 | 동료 평가 |
| 12월 | 1~2주 | 4가지 원칙 비밀의 마니또 | 동료 평가 |
| | 3~4주 | 나를 행복하게 만드는 것 | 공동의 목표 |

### [매달 마지막 주]

### 되돌아보기 학습지

매달 마지막 주에는 한 달 4가지 원칙 되돌아보기 학습지를 작성하게 합니다. 한 달 동안 4가지 원칙을 얼마나 잘 지켰는지 반성하는 것이 1차 목표이며 그 외 속상한 일이 있었던 학생들의 사연을 모아, 필요에 따라 교우 관계나 생활지도, 상담 자료로 활용하는 것이 부가적인 목표입니다. 조금씩 문항이 다르긴 하나 보통 아래와 같습니다.

되돌아보기 학습지를 작성하는 가장 큰 이유는 사실 교사를 위함입니다. 매달 문항이 조금씩 달라지나 마지막 문항은 항상 다음과 같습니다.

'3월 한 달 동안 우리 반 소속이 되어 좋았던 점과 바라는 점을 적어 주세요.'(칭찬은 고래도 춤추게 한다! 좋았던 점은 아낌없이 많이 적어 주세요)

되돌아보기 학습지를 작성하는 시간은 매달 마지막 주 금요일 놀이 시간을 가지기 전으로 배치합니다. 보통 매달 마지막 주에는 학생들이 열광하는 교실 놀이를 엄선하여 준비하는데요, 이 사실을 학생들에게 알려주며 놀이를 향한 최종 관문은 되돌아보기 학습지를 얼마나 성의 있게 열심히 작성하느냐에 달려 있다고 강조합니다. 특히 마지막 문항은 있는 힘껏 최선을 다해 써야 한다고 말합니다.

만약 마지막 문항에서 선생님의 노력에 대한 감사한 마음이 느껴지지 않는다면, 선생님은 지금의 시스템을 바꿀 수도 있다는 점, 즉 매주 마지막 시간에 진행하던 놀이 시간을 없앨 수도 있다는 점을 확실히 이야기합니다. 사람은 받는 것에 대한 감사한 마음을 가질 줄 알아야 하며, 그것을 열심히 표현할 줄 알아야 더 좋은 일이 생긴다고도 덧붙이죠.

제대로 멘트를 했다면, 대부분의 학생들은 감사의 마음을 담아 9번 문항에 사랑의 편지를 쓰기 마련입니다. 종이가 부족하다며 더 달라는 학생들도 있을 정도니까요. 그리고 그렇게 매달 취합한 되돌아보기 학습지들은, 한 달 동안 열심히 4가지 원칙을 사수하며 노력해 온 선생님이 받는, 최고로 보람 있는 상이 됩니다. 그리고 몰상식한 학부모가 막무가내로 제기하는 아동학대 신고와 같은 상황에서 교사를 보호할 수 있는 중요한 증거 자료로도 활용할 수 있습니다. 이렇게 매달을 행복하게 보낸 아이가 학교생활로 괴로웠다고 주장하다니, 말이 되지 않지요.

 주의할 점이 있다면 마지막 문항에 '좋았던 점과 바라는 점을 적어 주세요.' 문항에서 좋았던 점보다 바라는 점에만 집중하고 막말을 쏟아내는 사례가 더러 있는데, 우려된다면 바라는 점은 삭제하고 좋았던 점만 적도록 수정하면 됩니다.

* 참고로 모든 자료는 책 맨 앞에 제시해 둔 자료실 QR 코드를 스캔하면 받을 수 있습니다. 월별 되돌아보기 학습지는 3~6월, 9~11월까지 있습니다. 7월과 12월은 방학을 앞두었기 때문에 작성하지 않습니다.

# 04
# 밀당의 힘!
# 주별 교실놀이

유튜브까지 운영할 정도로 놀이에 관심이 많고, 심지어 직접 놀이를 개발하게 된 것은 단순히 놀이를 좋아해서가 아닙니다. 놀이를 연구할 수밖에 없었던 이유는 다른 어떤 방법보다도 학생들을 가장 효과적이고 강력하게 밀당할 수 있는 도구라고 판단했기 때문입니다. 교실놀이는 준비물이나 특별한 장소 없이 언제든 실행할 수 있으며, 학생들 또한 하고 싶어 안달이 날 정도이니 학급경영의 무기로 최적이었습니다. 그러나 처음 학급경영에 놀이를 도입했을 당시에는 지금처럼 참고할 자료가 많지 않았습니다. 결국, 놀이를 직접 개발할 수밖에 없었습니다.

다음은 교실 놀이로 학급경영의 주도권을 갖기 위해 꼭 학생들에게 교육해야 할 내용을 담았습니다.

# 1
## 놀이의 주도권 잡기

　학급경영과 마찬가지로 놀이를 진행할 때 교사가 주도권을 가지는 것이 가장 중요합니다. 교사가 주도권을 가지고 진행하면 어떤 놀이든 평화롭게 이루어지며, 학생들은 약간의 불만이 생겨도 쉽게 수긍하고 다시 몰입합니다. 반면, 교사가 학생들에게 끌려다닌다면 어떤 놀이를 하든 분란이 생기고, 진행이 방해되며, 불만이 폭발하게 됩니다.

　그래서 학급 온도계 보상이나 동아리 활동을 통해 놀이를 제공하지 말아야 합니다. 놀이를 학생들에게 주어야 할 '보상'으로 활용하거나 동아리 활동에서 반드시 해야 할 과제로 만든다면, 이미 주도권이 학생들에게 넘어간 상태입니다.

　앞에서 말한 바와 같이, 놀이는 인성교육 시간에 할 수 있는 하나의 활동이며, 학생들이 평소 4가지 원칙을 잘 지켜야만 인성교육을 놀이로 진행할 수 있다고 강조합니다. 그뿐만 아니라 놀이를 진행하는 동안에도 선생님의 말씀을 잘 따라야 앞으로도 인성교육을 놀이로 진행할 수 있다고 지속적으로 안내합니다. 놀이를 단순한 재미를 위한 활동이 아니라, 이기고 지는 것을 넘어 오직 인성교육의 한 과정으로 인식하도록 철저하게 지도합니다.

　인성교육이기 때문에 선생님이 주도권을 가지고 요구할 수 있는 것이 많아집니다.

① 인성교육이기 때문에 재미가 있든 없든 성실하게 참여하기
② 인성교육이기 때문에 답답해도 비난하지 않고 동료들을 배려하기
③ 인성교육이기 때문에 지든 이기든 승부욕 부리지 않고 인내하기
④ 인성교육이기 때문에 거짓말하지 않고 양심 지키기

이때 가장 비중 있게 교육해야 하는 것은 바로 '판정개입'입니다. 판정개입이란 "○○, 너 아웃이야, ○○이/가 맞았는데 왜 안 나가지?" 등 다른 학생의 아웃 상황에 학생이 직접 판정을 내리거나 "쟤 아웃인데 왜 말 안 하세요?"처럼 선생님에게 직접 개입하는 것을 뜻합니다. 이러한 판정개입을 들어주기 시작하면 불만이 잠재워지기는커녕 오히려 더 커지고, 심지어 선생님께 화를 내는 학생까지 생깁니다.

"쟤가 일러서 내가 아웃 되었어. 나도 다른 애들 일러야지."
"왜 선생님 쟤도 아웃인데 안 나가요?!! 편파판정하지 마세요!!"

학생들은 기본적으로 자기 팀이 늘 불리하다고 생각합니다. 공에 맞은 것을 코앞에서 똑똑히 보고도 "안 맞았는데요?"라고 말하는 게 일상입니다. 아마 로봇 심판이 와도 편파판정한다고 우길 겁니다. 결국 아무리 열심히 심판해 줘도, 판정개입이 시작되는 순간 양 팀의 불만은 폭발합니다.

사실 프로 스포츠에서도 최첨단 장비를 동원해도 오심이 끊이지 않는데, 정신없이 뛰어다니는 학생들의 경기를 완벽하게 판정하는 건 불가능

에 가깝습니다. 그래서 놀이를 시작하기 전에 반드시 이렇게 말합니다.

 축구나 야구 경기에서 심판 판정에 항의하면 어떻게 되죠?

맞습니다. 페널티를 받거나 퇴장당합니다. 마찬가지로, 선생님과 체육 활동이나 놀이를 할 때도 선생님의 판정에 항의하거나 개입할 수 없습니다.

그럼에도 불구하고, 놀이만 시작하면 선생님에게 죽일 듯이 따지거나 화를 내는 학생들을 수도 없이 만나 왔습니다. 분명 선생님은 여러분을 즐겁고 행복하게 만들어주고 싶어서 애써 시간을 내어 놀이를 준비한 것입니다. 그런데 그런 학생들을 만나면 솔직히 억울한 생각이 들어요.

'괜히 했다. 이런 학생들한테는 다음부터 절대 놀이 안 시켜야지. 그냥 학습지나 풀게 해야지.' 이런 생각이 들면서 놀이 시간은 점점 줄어들고……. 결국 누가 손해를 볼까요?

한번 잘 생각해 봅시다. 선생님은 오직 여러분을 위해 애써 놀이를 준비하고, 열심히 진행합니다. 그런데 그런 선생님을 힘들게 하고, 감사함을 느끼지 않는다면, 과연 선생님이 다음에도 이런 시간을 만들어 줄까요? 선생님을 힘들게 하고도 당연하게 생각하는 학생에게, 왜 굳이 선생님이 시간과 노력을 들여 놀이 시간을 마련해야 할까요? 사실 교과서 수업만 해도 충분한데 말이죠.

여러분이 현명한 학생이라면, 억울한 상황이나 불만이 생기더라도 선생님의 판정에 따지거나 개입하지 않을 것입니다. 오히려 그것을 인내하며, 선생님을 배려하는 법을 배우는 시간이라고 생각하면 좋겠습니다.

이렇게 멘트를 하고 학생들과 약속을 합니다.

> 습관은 한 번에 없어지지 않는다고 생각하기 때문에, 선생님도 실수는 이해합니다. 따라서 놀이 중에 여러분이 판정에 개입했을 때, 선생님이 "판정개입!" 하고 외치면, 바로 수긍하고 다시 놀이에 집중하면 됩니다. 그렇게만 한다면 선생님은 여러분이 판정개입을 했더라도 너그럽게 이해할 것입니다. 할 수 있겠습니까?

활동이 시작되면 대부분의 학생들이 판정개입을 하지 않으려고 노력하는 모습이 보입니다. 물론 판정개입이 습관이 된 학생들은 한 번에 고치지 못하고 무심코 개입하려 합니다. 그럴 때마다 선생님이 "판정개입!" 하고 단호하게 말하면 화들짝 놀라며 자기 입을 막고 다시 활동에 집중합니다.

놀이할 때마다 판정개입을 놓치지 않고 강조하면 점점 교사가 말하지 않아도 서로서로 "판정개입하지 말자."라고 말합니다. 규칙이 자연스럽게 정착되는 것입니다.

이렇게 '판정개입 금지'만 확실하게 지도해도 훨씬 편하고 유연하게 활동을 운영할 수 있습니다. 어차피 정신없이 뛰어다니는 학생들에게 정확한 판정을 내리는 것은 불가능하며 그럴 필요도 없습니다. 억울한 상황이 생기더라도 인내하고 배려하는 법을 배우는 과정이라고 학생들에게 알려주세요. 선생님은 심판이 아니라 인성 교육자이니까요.

## ② 놀이 전, 판 깔기

'판 깔기'란 사건이 이미 벌어진 후 훈육하는 것이 아니라 사전에 강력한 경고성 멘트를 날리는 것을 말합니다. 예를 들어 의자를 둥글게 놓고 자리를 바꾸는 놀이를 할 때, 술래가 되고 싶어 일부러 의자에 앉지 않고 빙글빙글 도는 척하는 학생들이 있습니다. 어쩌다가 한 번은 괜찮겠지만 이런 일이 반복되면 놀이에 대한 흥미가 떨어지고, 다른 학생들의 불만도 쌓이겠죠.

이때 해당 학생에게 그러지 말라고 지적을 하면 십중팔구는 "일부러 그런 것 아닌데 왜 저만 의심하세요?"라며 도리어 따질 가능성이 큽니다.

그래서 이런 상황을 막기 위해, 놀이를 시작하기 직전 다음과 같이 멘트를 합니다.

 "선생님이 이 게임을 100번도 넘게 진행해 봤는데, 꼭 술래가 되고 싶어서 일부러 의자에 앉지 않고 빙글빙글 도는 학생들이 있더라고요. 선생님은 그런 학생들 유치원 수준도 안 되는 학생이라 생각하며 놀이할 자격도 없다고 생각합니다. 하지만 우리 반은 그런 한심한 친구가 절대 없겠죠? 모두 양심을 잘 지키고, 훌륭한 친구들이니까! 선생님이 믿어도 되겠죠?"

위와 같이 사전에 가장 걱정되는 부분을 짚어 주며 '유치원 수준도 안 되는 학생' 등으로 다소 강하게 경고하는 방식을 판 깔기라고 합니다. 이미 누군가 문제를 일으킨 후에는 되돌리기 어렵지만, 그 전이라면 교사의 단호한 말로 예방 효과를 극대화할 수 있습니다.

게다가 대부분의 학생들은 계획적으로 문제 행동을 저지르기보다는 우발적으로 흥분해서 행동하는 경우가 많습니다. 그래서 사전에 문제 행동을 경고해 두면 학생들 스스로 '누가 저렇게 행동해? 유치하게.'라고 말하며 각성하는 경우가 많습니다. 사실은 자신이 그런 행동을 저지를 가능성이 있는 학생인데도 말이죠.

물론 사전에 판 깔기를 한다고 해서 모든 문제가 완전히 해결되는 것은 아닙니다. 학생마다 어떤 행동을 할지 완벽하게 예측하여 멘트를 준비하는 것도 불가능합니다. 하지만 판 깔기를 하지 않을 때보다 확실히 문제 행동이 줄어드는 효과가 있습니다.

## 놀이 입장료 받기

매주 금요일 마지막 시간, 드디어 학생들이 기다리는 인성교육 시간이 되었습니다. 이번 주의 생활 태도를 총평하며 잘했으면 잘했기 때문에, 못했으면 더 잘하라는 의미로 밀당하며 결국 놀이를 합니다. 하지만 그냥 주는 법은 없습니다. 학생들이 가장 좋아하는 시간을 가지기 전에, 교사는 반드시 작은 것 하나라도 더 얻어 내야 합니다. 그래서 저는 놀이를 시작하기 전에 짧은 대청소를 얻어 냅니다. 이것을 놀이 입장료라고도 표현합니다.

> 자, 지금부터 놀이 입장료를 받도록 하겠습니다. 모두가 즐겁고 기분 좋게 놀려면 무엇보다도 교실이 깨끗해야 합니다. 그런데 무조건 깨끗하기만 하면 되는 것이 아닙니다. 선생님이 그만하라고 할 때까지 그 누구도 놀지 않고 끝까지 최선을 다해야 놀이 입장이 가능합니다. 할 수 있겠습니까? 그럼 시작!

학생들은 빨리 놀이를 하고 싶은 마음에 그 어느 때보다 적극적으로 청소에 나섭니다. 덕분에 짧은 시간에도 금방 교실이 깨끗해집니다. 그리고 그다음 주가 되면, 굳이 길게 설명할 필요도 없습니다. "지금부터 놀이 입장료 내겠습니다." 한마디면 충분합니다. 나중에는 아예 말하지 않아도 이미 빗자루를 들고 청소하는 학생들을 볼 수 있습니다. 그때는 격하게 칭찬해 주며 기분 좋게 놀이를 진행하면 됩니다.

## 주별 교실놀이 루틴

사실 놀이의 진행 순서가 꼭 정해져 있는 것은 아닙니다. 하지만 제가 다음에 정리해 둔 표는 2024년 단톡방을 운영할 당시 매주 선생님들께 추천했던 놀이 순서입니다. 무엇보다 1,000명이 넘는 선생님들께서 그대로 따라 하셨던 만큼 꽤 유용할 것으로 생각합니다. 놀이를 처음 시도하는 선생님들도 쉽게 따라 할 수 있도록, 쉬운 놀이부터 시작해 점진적으로 난이도를 올렸습니다. 또한, 학생들의 반응도 고려하여 적절하게 편성했습니다.

이 책이 교실 놀이만을 다루는 책은 아니기에, 모든 놀이의 설명을 담을 수는 없습니다. 하지만 유튜브에서 제목만 검색하면 상단에 노출될 수 있도록, 검색 키워드를 정확하게 정리해 두었습니다. 적극 활용하여 주세요.

 * 그래도 놀이를 선뜻 시도하기 불안하신 분은 이종대왕의 교실 놀이 강좌를 들어보길 바랍니다. 22가지 교실 놀이 설명 및 고품질 놀이 설명 PPT를 제공합니다. QR 코드를 스캔하면 신청 링크를 확인할 수 있습니다.

참고로 금요일 마지막 교시는 고정으로 한 시간 동안 놀이를 진행하며, 때때로 수요일에는 10~20분 정도의 짧은 놀이를 추가로 합니다. 즉, 주당 평균 1.5회 정도 놀이를 운영하는 셈입니다. 아래 표에서 '수요일'이라고 표시된 놀이는 짧게 진행할 수 있는 놀이이며, 표시에 없는 놀이는 금요일에 한 시간 동안 진행했던 놀이입니다.

| 시기 | 유튜브 검색 키워드 | • 주의사항(판 깔기) |
|---|---|---|
| 3월 1주 | '사랑합니다. 왜요?' + 손님 모셔오기 | • 술래가 하고 싶어 일부러 걸리는 경우 경고<br>• 남녀가 손을 잡는 것은 악수와 같이 자연스러운 일이며, 그것을 이상하게 여기는 것이 오히려 수상한 행동이라고 말하며 자연스러운 분위기를 만든다. |
| 3월 2주 | 애플 바나나 오렌지 (수요일) | • 승패 없음. "다 같이하고 우리 반 협동심 최고입니다. 앞으로도 서로 배려하며 생활하면 선생님은 언제든지 이런 활동 시켜주겠습니다. 다 함께 박수!" |
|  | 교실 달팽이놀이 | 1. 다른 도전자가 왕 자리에 왔을 때, 다른 데로 가라고 하거나 인상 쓸 경우 무조건 왕 자리에서 제외한다.<br>2. 왕 자리에 앉고 싶어 승부욕이 폭발하는 놀이인 만큼 '인내'를 실습하는 시간이라는 점을 강조한다. |
| 3월 3주 | 올챙이 쎄쎄쎄 (수요일) | 1. 유튜브 0.75배속으로 선생님이 알려주기<br>2. 유튜브 0.75배속으로 2명이 반복 연습 후 익숙해지면 1배속으로 하기<br>＊저학년을 위한 놀이 같지만, 고학년들도 제법 까다로워하고 매우 좋아한다. |
|  | 릴레이 그림 그리기 | • 사전에 미술 2차시를 금요일 마지막 교시로 잡고, 2~3판 정도 하면 시간이 맞다. |
| 3월 4주 | 협동 놀이 5종 | • 5가지를 다 하려면 2시간 정도 걸릴 수 있다. 그러나 3월의 마지막 달임을 고려하여 과감하게 배치하며 밀당을 하는 것도 좋은 전략이다. |
| 4월 1주 | 훈민정음 자리 바꾸기 (수요일) | • '성실하게 참여하기' 강조 |
|  | 스타와 팬클럽 + 팡팡기차 | • 비명을 지르면서 하면 다른 반에 피해를 주기 때문에 적당히 소리친다. |
| 4월 2주 | 감염 술래잡기 (수요일) | • 터치할 때 세게 때리지 않도록 배려를 강조한다. |
|  | 폴짝 스피드 피구 | • '판정개입 금지' 강조 |
| 4월 3주 | MIX 가위바위보 + MIX 마피아 | 1. 시작 전에 머리 위로 손을 번쩍 들게 훈련한다.<br>2. 가위바위보 후 자리 바꿀 때, 관찰한다고 어슬렁거리며 걷는 학생이 분명 있다. 5초 안에 안 바꾸면 추리 기회 자체를 안 준다고 초반에 경고한다.<br>3. 저학년, 중학년의 경우 자신이 마피아가 아닌데 지목당하면 기분 나빠 할 수 있다. 놀이하기 전에는 누가 마피아인지 아무도 모른다. 억울하게 지목당해도 긍정적으로 웃으며 게임에 참여하는 것이 인성교육 목표라고 밝힌다. |
| 4월 4주 | 안대 기차 (수요일) | • 장애인의 날 교육(20분) 후에 하기 좋다.<br>• 안대가 필요하니 미리 준비한다. |

| | | |
|---|---|---|
| 4월 4주 | 흡혈귀를 찾아라 | 1. 악수할 때 흡혈귀가 긁더라도 너무 놀라는 티를 내면 안 된다. 너무 빨리 발각되면 흡혈귀가 서운할 수 있다. 그러니 긁힌 학생은 최대한 참는다. 그리고 흡혈귀도 너무 서운해하지 않도록 판 깔기한다.<br>2. 잘못 추리하면 추리 당한 친구까지 함께 감옥에 가기 때문에 신중히 한다.<br>3. 긁힌 학생은 당연히 흡혈귀를 알게 된 상황이기에 추리할 수 없으며 3번 악수한 뒤 감옥에 간다. |
| 5월 1주 | 유령 열차<br>(수요일) | • 최후의 한 명이 남았을 때 모두가 최선을 다해 조용히 술래 앞으로 가 꽃밭침을 한다. |
| | 교실 반전 올림픽 | • 어린이날 기념으로도 좋은 놀이 |
| 5월 2주 | 찍텐<br>(수요일) | • 친구가 말하는 단어 무시하지 말고 다 들어주도록 한다. |
| | 교실 동글 피구 | • 공 두 개가 정신없이 날아오니 세게 던지지 않아도 아웃시킬 수 있다.<br>• 목표는 힘 조절하며 배려로 판 깔기 |
| 5월 3주 | 릴레이초상화<br>(수요일) | • 자기 얼굴 마음에 안 들거나 누가 장난쳤다고 토라지거나 화내는 일 없도록 판 깔기(놀이는 놀이일 뿐) |
| | 교실 대첩 | • 술래잡기가 아닌데 교실을 뛰어다니거나, 터치할 때 세게 쳐서 상대를 기분 나쁘게 하는 학생들, 암행어사만 상대의 신분을 밝힐 수 있다고 분명히 말했는데 몰래 밝히는 학생들의 예로 판 깔기 |
| 5월 4주 | 경찰과 악당 술래잡기 | • 운동장에서 할 수 있는 활동<br>• 최고의 운동장 놀이로, 그럴 만한 가치가 있다. |
| 6월 1주 | 낙서를 기억해<br>(수요일) | • 결과는 중요하지 않으니 긍정적으로 즐겁게 참여하도록 한다. |
| | 물고기 사냥 | • 지금까지 추천한 놀이 중에서 가장 규칙이 어렵다. 그러나 2~3번 하면 저학년도 금방 이해하니 도전해 본다. |
| 6월 2주 | 볼링 피구 | • '판정개입 금지' 및 양심 강조 |
| 6월 3주 | 초성 그림<br>텔레파시(수요일) | • 저학년, 중학년이 초성을 어려워하면, 주제로도 활동할 수 있다.<br>예) 음식, 운동 등 |
| | 천사와 악마<br>술래잡기 | 1. 의자는 집어넣고, 가방은 책상 위에 놓고 한다.<br>2. 뛰지 않도록 교육한다.<br>3. 술래에게 잡히면 책상 옆 통로 말고 책상 안쪽에 들어가 앉는다.<br>4. 한 판 끝났을 때, 좀비가 압도적으로 이기면 다음 판에 천사 수를 늘리고, 시민이 압도적으로 이기면 좀비 수를 늘리거나 천사 수를 줄이는 식으로 융통성 있게 진행한다.<br>5. 시간을 줄이거나 늘려도 된다. |

| 주차 | 놀이 | 설명 |
|---|---|---|
| 6월 4주 | 가가볼 | • 가가볼은 남학생들에게 가장 인기가 많은 놀이인 만큼 판 깔기가 매우 중요하다.<br>"이 활동은 선생님의 제자들이 너무나 좋아했던 놀이입니다. 그런데 이 놀이를 하고 나면 꼭 일부 학생들이 인성교육 시간마다 '이거 말고 가가볼 해요.'라며 요구합니다. 선생님이 그런 말을 들으면 이 놀이를 또 하고 싶을까요? 맞습니다. 그런 말을 듣는다면 다시는 가가볼을 하지 않을 생각을 합니다. 인성교육 시간에 어떤 활동을 하든 여러분들은 열심히 참여해야 하며 선생님에게 무엇을 하자고 요구하며 선을 넘는 순간 그런 활동은 다시는 없을 계획입니다. 놀이를 해주는 그 자체를 감사하게 여길 줄 아는 학생이 되길 바랍니다." |
| 7월 1주 | 두근두근 미션 마피아 | • 별것 아닌 행동도 미션이라고 서로 의심하는 게임이다. 예를 들어, 갑자기 머리를 긁는 아이, 긴장한 것처럼 보이는 아이 등을 일부러 의심하는 적극성이 필요한 놀이라고 판 깔기 |
| | 한 걸음 술래잡기 + 체스 술래잡기 | • 터치할 때 친구 배려해서 터치하기(세게 치지 않기). 양심 지키기 |
| 7월 2주 | 안대 술래잡기 | 1. 안대 쓴 좀비 약 올리거나 밀면 무조건 퇴장시킬 수 있다.<br>2. 안대 쓴 좀비에 닿으면 이미 감염된 것이니, 팔을 휘젓거나 불필요한 접촉을 금지한다. |
| 7월 3주 | 지금까지 했던 놀이 중 투표로 원하는 놀이하기 | - |

2학기에는 1학기 때 진행했던 놀이를 처음부터 다시 반복하면 됩니다. 1학기에 학생들의 반응이 좋지 않았던 활동도, 다시 하면 더 재미있게 참여하기도 합니다. 따라서, 선생님만의 놀이 루틴을 만들기 위해서라도 자신 있게 반복해 보시길 바랍니다. 사실 놀이에서 재미는 크게 중요하지 않습니다. 놀이의 목적은 재미가 아니라 인성교육이며 이는 학생들에게만 강조할 것이 아니라 선생님도 늘 인지하고 내면화해야 할 부분입니다.

## 5 깜짝 놀이 시간

평소와 다른 시간에 갑자기 놀이나 체육을 시켜주는 것도 밀당을 위한 좋은 전략입니다. 예를 들어, 평소에 안 지키던 규칙을 잘 지킨 날, 원래 잘 하던 것을 더 잘하고 다른 선생님들께도 칭찬을 들은 날 등입니다. 가끔은 진도의 여유가 있을 때, 의도적으로 학생이 잘한 점을 찾아내 칭찬하며, 심지어 아무 일도 없는데 비가 온다는 이유로 놀이를 합니다. 그러면서 선생님은 언제든지 놀이 시간을 줄 수 있는 능력이 있다고 강조합니다.

깜짝 시간에 교실 놀이를 하기도 하지만 때로는 강당이나 운동장으로 나가 피구 등의 체육 활동도 합니다. 아무리 교실 놀이가 재미있어도 역시 체육을 따라갈 수 없습니다. 특히 피구는 강력한 밀당의 무기입니다. 따라서 학생들이 특별히 뭔가 잘했을 때, 또는 잘해야 할 필요가 있을 때 피구로 주로 밀당합니다. 이때 강당을 활용할 수 있으면 좋겠지만 불가능하다면 운동장에서 할 수 있도록 루틴을 만듭니다.

학생들이 좋아하는 것에 선생님께서 끌려다닐 필요가 없다고 말씀 드렸습니다. 만약 무엇인가 학생들이 잘해서 급 운동장에 내려갈 때 제가 하는 멘트는 다음과 같습니다.

> 여러분들이 4가지 원칙을 이번 주에 너무 잘 지켰기 때문에 지금 바로 운동장에 내려가서 피구를 하겠습니다. 단, 지금부터 선생님이 말하는 것을 지켜야 하며 잘 지키지

않을 시 다시 교실로 올라가라고 말할 것입니다. 일단 지금 다른 반은 수업 중이니 조용히 운동장으로 내려갑니다. 우리 반은 놀러 가는데 다른 반에 피해를 주면 안 되겠죠? 그리고 운동장에 내려가면 딴짓하지 않고 바로 체조를 합니다. 이때 ○○와 ○○, ○○는 피구 라인을 만듭니다. 선생님은 여러분보다 5분 늦게 내려갑니다. 창문으로 운동장을 보는데 체조를 안 하고 장난치거나 라인을 만들지 않았다면? 그대로 바로 교실로 올라오게 하겠습니다. 제대로 할 수 있겠습니까?

이렇게 학생이 스스로 준비하게 만들면, 선생님도 편하고 다음에 또 이런 시간을 줄 용기도 생깁니다. 그리고 그 혜택은 결국 학생들이 받는 것이죠. 선생님이 힘들면 다시는 안 하게 된다는 점 역시 학생들에게 이야기해 주세요.

운동장에서는 주로 피구나 발야구, 기타 운동장 놀이를 합니다. 요즘 유튜브에 '운동장 놀이'라고 검색만 해도 다양한 활동들이 나옵니다. 무엇을 하든 운동장에서 뛰어노는 학생들은 행복하기 마련이니 다양하게 시도해 보며 나만의 목록을 만들면 좋겠습니다. 단, 피구를 할 때에는 다음과 같은 규칙은 꼭 만들어야 합니다.

선생님이 학생일 적에, 체육 시간에 공을 잡을 때마다 자신에게 패스하라며 "패스! 패스!"를 외치는 친구들이 있었습니다. 그리고 공을 빼앗겼을 때 비난하고 탓하는 학생들도 있었습니다. 선생님은 공만 잡으면 패스를 하기 바빴습니다. 혹여 실수했을 때 왜 패스를 안 했냐는 비난을 받을까 봐 두려웠기 때문입니다. 그래서 축구를 하는 내내 공만 잡으면 패스를 했고 이런 상황을 통제하지 않는 체육 선생님이 원망스러웠던 기억이 있습니다. 그 이후 축구는 물론 체육 시간 자체를 별로 좋아하지 않게 되었습니다.

학기 초에 학생들이 피구를 하면, 분명 이런 상황이 나오게 되어 있습니다. 누가 공만 잡으면 자신에게 패스해 달라고 소리치는 학생들, 누가 실수하면 탓하는 학생 등 주위 친구들에게 부담을 주는 학생들이 있습니다. 화를 내지 않더라도 웃으면서도 계속 주변에 부담을 주는 학생도 있습니다.

따라서 피구 할 때 가장 잘 지켜야 하는 것은 바로 "패스 금지"입니다. 이 규칙만 잘 지켜도 앞으로 종종 이런 시간을 더 줄 수 있도록 노력하겠습니다.

몇몇 목소리 큰 학생들 뒤에는 양보와 희생정신이 뛰어나고 규칙을 잘 지키는 대다수의 학생들이 있습니다. 선생님께서 이러한 상황을 바로 잡아주고 부담 없이 누구나 즐길 수 있는 환경을 만들어 준다면 학생들의 선생님을 향한 신뢰도는 매우 높아질 수밖에 없습니다. 체육 시간의 주도권을 선생님이 가지기 때문입니다. 따라서 학기 초에, 저의 체육 시간 이야기를 들려주며 모두가 즐겁기 위해 하는 활동에서 남에게 부담을 주거나 비난을 하는 행동은 잘못되었음을 명확하게 인지시키세요. 그리고 이것은 체육 시간이 아니라 인성교육 시간임을 다시 한번 강조합니다.

교사는 학생들의 사소한 비난이나 패스 소리 등을 절대 그냥 흘리지 말고 단호하게 경고해야 합니다. 놀랍게도 학기 초에 이 규칙을 적용하면, 습관적으로 비난하던 학생들도 어느샌가 다른 학생들을 응원하게 됩니다.

체육이나 놀이를 안 좋아하던 학생들도 공을 잡을 기회가 늘면서 점점 흥미를 느끼게 됩니다. 선생님에 대한 신뢰와 주도권이 분명해집니다. 하나를 줄 때에는 반드시 여러 가지를 가져오는 기브 앤 테이크 전략을 잊지 마세요.

### 단단 마인드 : 힘든데, 놀이 꼭 해줘야 할까요?

특히 화요일이 되면 단단경영 단톡방에 힘들다는 사연이 속출합니다. 그리고 선생님들께서 힘드실 때마다 가장 많이 나오는 대사는 "이런데 놀이 꼭 해줘야 하나요?"입니다. 제 대답은 "네"입니다. 이유는 놀이를 해주면, 무조건 플러스이기 때문입니다.

리더는 요구하는 것만이 아니라 베푸는 것이라고 하지요? 선생님들이 아이들에게 베풀수록 더 많이 요구할 수 있는 힘도 세집니다. 문제를 좀 일으켰다고, 긴장이 좀 풀렸다고 놀이를 해주지 않으면 학생에게 마이너스가 아니라 선생님에게 마이너스입니다.

이런저런 상황에도 놀이를 시켜 주면 그만큼 아이들에게 요구할 수 있는 명분도, 밀당도 더 강력해집니다. 시간이 쌓일수록 더 크게 느껴지실 겁니다. 그래서 저는 아이들이 너무 힘들어 할 때도 무슨 핑계를 대서라도 놀이를 시켜줄 때도 있습니다.

쉬는 시간에 아이들이 남에게 피해 주는 행동을 또 했나요? 수업 중에 웅성웅성 했나요? 그렇다고 주도권이 약해진 건 아니니 힘들어하지 마세요.

본질만 점검하세요. 이것만 유지되고 있다면 내 주도권에는 전혀 문제가 없습니다. 아침 시간, 조용한가? 잘못했을 때 용기 있게 인정하는가? 남에게 피해주었다고 지적하면 바로 수긍하는가? 수업 중 손 들고 말하자고 했을 때 어느 정도 지켜지는가?

# CHAPTER 3.

# 단단경영, 내 것으로 만들어 볼까요?

# 단단한 교사
# 마음가짐

교사가 된 지 얼마 안 되었을 때, 선배 교사들이 학생들을 지도하는 모습을 보며 종종 '어쩜 저렇게 화도 내지 않고 평온하게 지도하실까? 도대체 비법이 무엇일까?' 하는 생각을 했습니다. 문제 행동에 늘 당황해서 화를 내며 지도했고, 그 영향으로 다음 수업까지 제대로 진행하지 못하기 일쑤였습니다. 그런데 선배 교사들은 늘 안정적인 모습이었습니다.

10년 이상 경력을 쌓고 나서야 그 해답이 바로 기준선의 차이라는 것을 깨닫게 되었습니다. 1년 차부터 7년 차까지 소위 학군이 좋지 않은 곳에서 근무했습니다. 가정환경이 열악해 부모님의 보호를 충분히 받지 못하는 학생들이 많았고, 문제 행동의 빈도와 강도도 상당히 높았습니다. 그런 환경에서 적응하면서 웬만한 문제 행동에는 무뎌지기 시작했고, 어느 순간 "큰 사고만 저지르지 않으면 다행"이라는 생각마저 했습니다. 한마디로, 문제 행동을 판단하는 기준선이 내려간 것입니다. 원래라면 바로 혼을 냈을 행동도 넘어가게 되었고, 그러다 보니 점점 화도 나지 않고 평온하게 지도할 수 있었습니다.

신기한 것은, 그러자 오히려 지도가 더 수월해졌고, 결과 또한 훨씬 좋았다는 점입니다. 아무리 화를 내고 무섭게 대해도 매일 똑같은 잘못을 반복했던 학생에게 실망감이 점점 커져 미운 마음이 들었던 예전과 달리 지금은 실망보다는 신뢰와 믿음을 더 주고 기다리게 되었습니다. 이미 수없이 많은 어른에게 혼나며 자라와 내성이 쌓일 대로 쌓인 '금쪽이'들에게 화를 내면서 지도하는 것은 별다른 효과가 없다는 것을 경험을 통해 깨달았습니다.

오히려 여유를 가지고 지도했을 때 학생과 교사 모두에게 더 좋은 결과를 가져온다는 것을 알게 되었습니다. 이미 학생들의 행동 패턴을 뻔히 알기 때문에, 그 어떤 돌발 행동도 감정에 영향을 주지 않습니다. 교사는 학생의 어떠한 돌발 행동에도 타격을 받지 않는, 흔들리지 않는 존재, 그 누구보다 한층 위에서 다스리는 존재라는 인식을 심어줄 수 있는 것입니다.

문제 행동에 감정적으로 반응하면 할수록 오히려 상대의 존재감을 더 키워주는 결과를 맞이할 수 있습니다. 절대 지지 않는 '금쪽이'가 선생님과 실랑이를 벌이는 모습을 매일같이 보다 보면, 어느새 어른에게도 지지 않는 강력한 존재라는 인식이 친구들에게 생기게 되는 것이죠. 따라서 이미 문제가 터진 후 반응하는 것보다는 사전에 힘 있는 멘트를 하는 것이 더욱 강력한 권위를 가질 수 있으며 이렇게 하면 학생이 점차 설 자리를 잃을 것입니다.

지금부터 교사의 강력한 사전 멘트, 판 깔기를 소개하겠습니다.

# 02
# 교사의 사전 멘트, 판 깔기란?

학급경영이나 놀이 관련 연수를 할 때 가장 많이 쓰는 용어는 바로 '판 깔기'입니다. 이는 예상되는 문제 행동을 사후가 아닌 사전에 미리 멘트하여 예방하는 것을 의미합니다.

한마디로, 학생들이 절대 넘어서는 안 되는 영역을 명확히 알려줌으로써, 그 안에서만 행동하도록 울타리를 쳐 주는 역할을 합니다.

판 깔기는 제가 놀이 교육을 많이 하다 보니 어느 순간 자연스럽게 익히게 된 기술입니다. 학생들이 열광하는 놀이를 하면 늘 문제 행동이 발생하기 마련이고, 처음에는 그때그때 지적하거나 잔소리를 하는 식으로 사후 대처에만 급급했었습니다. 하지만 매년 같은 놀이를 반복하다 보니, 어느 순간부터는 사전에 문제 행동을 막기 위해 자연스럽게 판 깔기 멘트를 하게 되었습니다.

 선생님은 오랫동안 이 놀이를 학생들과 해왔습니다. 그리고 놀이만 하면 친구들에게 짜증을 내는 학생들을 만나봤어요. 놀이는 모두가 즐겁기 위해 하는 것인데, 놀이하면서 짜증을 내고 결국 선생님께 혼이 난다면 과연 누가 가장 손해일까요? 하지만 우리 반 학생들이라면 그런 어리석은 행동 하지 않고 기분 나빠도 쿨하게 넘어가리라 생각합니다. 맞습니까? 짜증 내지 않을 수 있습니까?

나중에 하는 것보다 사전에 할 때 더 강하게 멘트할 수 있습니다. 사후 지도는 학생들에게 잔소리처럼 들릴 가능성이 크며, 그 효과도 미미합니다. 게다가 이미 문제의 행동을 한 학생에게 직접 훈육해야 하는 상황이므로 강한 표현을 쓰기 어렵습니다. 강력한 처벌을 할 수도 없는 것이 현재 교사의 현실입니다. 아직 아무도 잘못을 하지 않은 상태에서 전체를 대상으로 "이런 행동을 하는 것은 정말 어리석은 행동입니다. 하지만 여러분은 그런 행동 하지 않을 것이라 믿습니다."라고 말하는 것은 교사를 보호하면서도 학생들이 그 행동만큼은 스스로 자제하도록 유도하여 더 큰 지도 효과를 낼 수 있습니다.

판 깔기 멘트를 하면서 가장 재미있었던 점은, 특정 문제 행동을 언급했을 때 그 행동을 한 학생이 가장 크게 반응하며 "누가 그런 행동을 해? 진짜 못됐다."라는 식의 반응을 보인다는 것이었습니다. 그리고 판 깔기를 하고 활동을 하면 귀신같이 그 행동만큼은 하지 않는다는 것입니다.

학생들은 계획적으로 문제 행동을 하기보다는 무의식적으로 행동하는 경우가 많으며, 스스로 문제라고 인식하지 않는 경향이 있습니다. 따라서 예상되는 문제 행동을 미리 말해 주면, 어느 정도 마음의 준비를 하면서 활동에 참여하게 됩니다.

판 깔기 멘트만으로 모든 문제가 해결되는 것은 당연히 아닙니다. 하지만 제가 자신 있게 말씀드릴 수 있는 것은, 판 깔기 멘트를 하지 않을 때보다 훨씬 상황이 좋아진다는 점입니다. 그리고 이는 놀이뿐만 아니라 일반적인 학급 운영에도 똑같이 적용됩니다. 사후에 지도하는 것보다 우려되는 문제 행동을 사전에 예방하는 것이 판 깔기의 핵심 목적입니다.

# 03
# 단단한 마음가짐을 위해
# 꼭 기억할 것

이번 장에서는 다양한 상황을 위한 학생 지도 멘트와 교사가 가져야 할 마음가짐을 정리하였습니다.

첫째, 멘트만 한다고 모든 문제가 해결되는 것이 아닙니다.

단단한 학급경영은 4가지 원칙의 일관적 사수, 교실 놀이 등을 통한 기브 앤 테이크, 관성에서 벗어나기, 선택과 집중을 통한 미니멀리즘의 유기적인 결합이며 궁극적으로 학급의 주도권을 단단하게 만들어가는 과정입니다. 학생들에게 요구만 한다고 되는 것이 아니라 베풀 줄 알아야 합니다. 그리고 관성처럼 하던 잔소리에서 벗어나 힘 있는 멘트에 집중하는 노력을 기울여야 한다는 뜻입니다.

둘째, 노력해도 해결되지 않는다고 자책하지 마세요.

한 학생의 문제 행동은 오랜 시간에 걸쳐 형성된 것입니다. 하루에도 수백 번 반복되는 부모와의 상호작용, 가정환경, 살아오며 접한 모든 경험, 무엇보다도 오랜 세월 동안 대대로 형성된 DNA의 영향까지도 포함됩니다. 따라서 일생에서 아주 잠깐 만난 선생님의 영향력은 미약할 뿐입니다.

그러므로 '이 아이의 문제를 반드시 고쳐야겠다.'라는 생각보다는 '좋은 방향으로 이끄는 멘토가 되어야겠다.'라는 마음가짐으로 차근차근 지도하는 것이 중요합니다. 학생이 쉽게 달라지지 않는다고 해서 자책할 필요는 없습니다.

셋째, 매년 반복하며 내 것으로 만들어야 합니다.

제가 오랜 시간 시행착오를 겪으며 터득한 멘트와 마음가짐을 단기간에 완벽히 습득하는 것은 어렵습니다. 매번 지도할 때마다 내용이 조금씩 달라지기도 합니다. 첫술에 배부를 수는 없습니다. 일 년을 시도하고 만족스러운 결과가 나오지 않더라도 꾸준히 매년 반복하며 내 것으로 만들어야 합니다. 여기서 '내 것'은 나의 외모와 목소리, 성향에 맞는 말투 그리고 나의 철학이 담긴 멘트입니다. 계속 반복하다 보면 마치 딱 맞는 옷을 찾듯 자연스럽게 자신만의 것을 만들 수 있습니다.

# 04
# 사례별 멘트 및 마음가짐 소개

　　　　　　이번 장에서는 일상생활에서 하면 좋은 멘트와 학교폭력 등 큰 문제를 예방하기 위해 주기적으로 하면 좋은 멘트, 다양한 상황에서 1:1로 학생을 지도할 때 하면 좋은 멘트를 소개하도록 하겠습니다.

　주의할 점은 흐름에 맞게, 그리고 선생님의 성향에 맞게 자연스럽게 멘트를 하면 되는 것이지 마법의 주문처럼 꼭 외워서 하실 필요는 없습니다. 하지만 잘 생각이 나지 않거나 자신이 없을 때는 학생들에게 눈을 감게 하고 읽어 주어도 좋습니다. 화면에 그대로 띄워 놓고 보여주었을 때 효과가 좋았다는 후기도 있었으니 때로는 이런 방법을 편하게 활용해 보셔도 좋겠습니다. 완벽하지 않아도 됩니다. 안 하는 것보다는 일단 시도하는 것이 조금이라도 득이 된다는 마음가짐이면 충분합니다.

# 1
## 일상생활에서 하면 좋은 멘트

일상생활에서 하면 좋은 멘트는 권위-문제 행동-예방-칭찬 및 신뢰의 흐름으로 이루어집니다. 먼저 선생님의 권위를 살리는 문장을 말한 후, 어떤 행동이 문제인지, 그런 행동을 하는 것은 옳지 않다고 단호하게 말합니다. 하지만 우리 반 학생들은 그러지 않을 것이고 잘할 것이라고 칭찬하며 신뢰를 심어 주며 마무리하는 흐름입니다.

### ① 1학기 첫날

| | |
|---|---|
| 권위 | 선생님은 매년 여러분과 같은 학생들을 지도해 왔으며, 풍부한 경험과 경력을 가지고 있습니다. 그리고 초등교육과 관련된 대학 연구도 많이 했습니다. |
| 문제 행동 | 매년 새로운 학년이 되면 마치 유치원생이 된 것처럼 기본적인 규칙도 지킬 줄 모르고 자기 마음대로 행동하는 학생들을 3월 첫날부터 많이 봤습니다. |
| 예방 | 선생님은 나머지 학생들의 평화를 위해 그런 엉망인 학생들을 반드시 바로잡아야 합니다. 따라서 지금부터 그런 학생들을 지도하는 데 온 힘을 쏟을 것이며, 특히 3월에는 매일매일 더욱 엄격하게 지도할 것입니다. |
| 칭찬 및 신뢰 | 하지만 오늘 예쁘게 앉아 선생님 말씀에 경청하는 여러분들을 보니 그런 문제를 일으키지 않고 규칙도 잘 지키며 선생님 말씀을 잘 따를 것으로 보입니다. 만약 그렇다면? 선생님은 최선을 다해 여러분들의 학교생활을 즐겁게 만들어 주겠습니다. 재미있는 수업은 물론이고 항상 친절하고 다정한 선생님, 놀이도 많이 해주는 선생님이 될 것입니다. 이 모든 것은 지금부터 여러분들의 모든 생활 태도에 달려 있습니다. 이 시간 이후, 어떻게 생활하는지 선생님이 철저하게 지켜보겠습니다. |

### ② 2학기 첫날

| | |
|---|---|
| 권위 | 선생님은 매년 여러분들과 같은 학생들을 많이 만나왔습니다. 그리고 개학만 하면 다음과 같은 행동을 누군가 할 것을 매우 잘 알고 있습니다. |

| | |
|---|---|
| 문제 행동 | 오늘 방학 동안 있었던 일 관련 글쓰기를 할 예정인데 "저는 방학 동안 잠만 잤는데요? 쓸 것 없는데요?"라고 말하면서 대충 써서 내는 학생, 선생님이 애써 준비한 방학 관련 활동 역시 성의 없게 참여하거나 방해하는 학생, 쉬는 시간이 되자마자 규칙 다 무시하고 문제 행동을 하는 학생들이 분명 나올 것입니다. |
| 예방 | 선생님은 그런 학생들은 유치원 수준도 안 되는 학생이라 생각하며 선생님이 잘 대해줄 이유도 없다고 생각합니다. 기본적인 규칙도 안 지키고 남에게 피해 주는 학생들에게 어찌 친절하게 대할 수 있을까요? 바로 불러내어 쉬는 시간 내내 지도할 계획입니다. |
| 칭찬 및 신뢰 | 하지만 우리 반은 절대 그런 한심한 친구는 없을 것 같습니다. 1학기 때 모습을 떠올려 봤을 때 선생님은 여러분들이 방학이 끝났어도 변함없이 규칙도 잘 지키고 모든 활동을 열심히 하리라고 믿습니다. 그리고 그렇게만 한다면 선생님은 얼마든지 여러분들이 좋아하는 시간을 많이 만들 수 있습니다. 2학기 첫날부터 4가지 원칙 잘 지킬 수 있겠습니까? |

위 예시에서 보듯 여러분들과 다르게 선생님은 이미 이런 상황을 많이 겪어 온 경험자라는 것을 얘기하며 권위를 높이며 멘트를 시작하고 학생들이 하지 않았으면 하는 걱정되는 행동을 미리 알려 줍니다. 그리고 그런 문제 행동을 기어이 했을 경우 자비 없이 강하게 지도할 것임을 암시하며, 동시에 우리 반 학생들은 그렇지 않을 것이라는 신뢰를 보여주며 멘트를 마무리합니다.

### ③ 매주 월요일 멘트

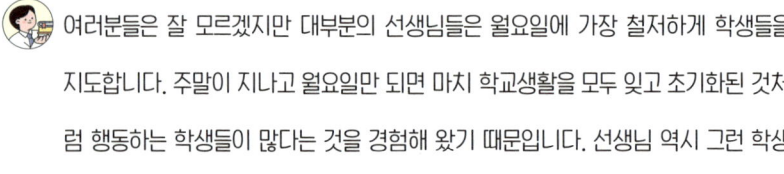

여러분들은 잘 모르겠지만 대부분의 선생님들은 월요일에 가장 철저하게 학생들을 지도합니다. 주말이 지나고 월요일만 되면 마치 학교생활을 모두 잊고 초기화된 것처럼 행동하는 학생들이 많다는 것을 경험해 왔기 때문입니다. 선생님 역시 그런 학생들을 많이 겪어와서 월요일에 가장 단호하게 지도합니다.

학교를 처음 와본 입학생처럼 교실을 놀이터처럼 뛰어다니는 학생, 수업을 처음 받아보는 아이처럼 시끄럽게 수업을 방해하는 학생 등 월요일에는 문제 행동이 쉽게 나타나는 경우가 많습니다.

선생님은 이 교실의 평화를 깨고 선생님의 수업을 방해하는 그런 학생들은 실컷 자유를 뺏기고 엄하게 혼나도 된다고 생각합니다. 누구도 남에게 피해 줄 자격은 없기 때문입니다.

물론, 선생님은 여러분이 절대 그런 한심한 행동을 하지 않을 거라 믿습니다. 평소 생활 태도를 보면, 여러분은 남에게 피해를 주지 않고, 선생님의 지도도 잘 따르는 학생들이기 때문입니다. 맞습니까? 그럼 월요일은 특히 선생님이 철저하게 관찰한다는 걸 명심하고 생활하기를 바랍니다.

월밀금당에서 언급했듯이, 월요일에는 아무리 학생들이 괜찮아 보여도 매의 눈으로 관찰하며, 지적할 부분을 일부러라도 끄집어내는 것이 좋습니다. 그래서 매주 월요일 아침마다 위와 같은 형식으로 멘트를 하며 태도 교육을 강화합니다. 반대로 금요일이 되면, 학생들의 태도가 다소 좋지 않더라도 지적하고 혼내는 것은 지양해야 한다고 했습니다. 어차피 주말이 지나면 다시 초기화되며, 한 번에 모든 습관을 고칠 수 없기 때문입니다.

결국, 시간만이 해결책이라는 점을 기억하고, 금요일에는 잘하는 학생 위주로 칭찬하며 기분 좋게 마무리하는 것이 중요합니다. 이런 방식이 1년이라는 장기 레이스를 건강하게 완주하는 핵심 전략입니다.

체험학습이나 축제 같은 행사를 앞두고 있을 때는 특히 더 강력한 월요일 멘트를 하는 것이 좋겠죠? 학생들이 들뜨면 그만큼 사건·사고가 많이 발생하기 때문에, 여러 가지 장치를 활용해 멘트를 더욱 강화할 필요가 있습니다.

예를 들어, 아무 수첩이나 하나 꺼내서 갑자기 뒤적이며 "여러분은 모르겠지만, 사실 선생님은 여러분의 모든 문제 행동을 이 수첩에 기록하고 있습니다. 그리고 언젠가 여러분의 부모님께 이 내용을 모두 공개할 수도 있습니다."라고 말합니다. 사실 기록한 내용은 없지만, 학생들에게는 충분한 경각심을 줄 수 있죠.

이어 "앞으로도 발전이 없다면 이 기록을 생활기록부에 입력할 수밖에 없습니다. 이는 선생님의 의무이기 때문에 거짓말로 좋게 써줄 수도 없고, 한 번 입력된 내용은 평생 지워지지도 않습니다."라고 덧붙이며, 학생들이 스스로 태도를 조절할 수 있도록 유도합니다. 하지만 "지금부터라도 노력한다면, 이 수첩의 기록을 지울 수도 있습니다."라며 희망(?)을 심어주는 멘트도 함께 말합니다. 학생들이 들뜨기 쉬운 행사가 있을 때, 월요일을 활용해 적절한 경고와 대비를 해두는 것이 사고를 예방하는 데 큰 도움이 됩니다.

### ④ 자리 바꿀 때 멘트

여러분이 세상에 나가면, 어쩔 수 없이 원하지 않는 자리, 직업, 직책을 맡게 되는 경우가 많습니다. 선생님 또한 학교에서 원하지 않는 일을 해야 할 때가 있고, 원하지 않는 학년이나 교실을 맡게 될 때도 있습니다. 나 혼자 사는 세상이 아니기 때문입니다.

그런데 꼭 교실 자리를 바꿀 때마다 원하는 자리가 걸리지 않았다고 불평불만만 늘어놓고, 죄 없는 선생님이나 친구들에게 화를 내는 학생이 있습니다. 또, 괜히 자기 주변에 앉아 있는 학생이 마음에 들지 않는다며 인상을 쓰고 상대방을 기분 나쁘게 하는 학생도 많이 봤습니다.

선생님은 그런 행동을 하는 학생들이 세상에서 가장 못나 보인다는 생각이 듭니다. 어째서 죄 없는 친구에게 인상을 쓰고, 본인 자리가 마음에 들지 않는다고 투정을 부리는 걸까요? 그것이 바로 제멋대로 행동하는 것입니다.

여러분은 절대 그런 행동을 하지 않겠죠? 어떤 자리에 앉든, 누가 내 주변에 있든 인상을 쓰거나 실망한 티를 내지 않으리라 믿습니다.

여러분은 현명한 학생들이기 때문에 그런 어리석은 행동을 하지 않겠지만, 혹시나 선생님이 여러분의 표정을 관찰했을 때 그런 학생이 있다면, 평생 그 자리를 바꿔주지 않을지도 모릅니다. 누구도 남에게 피해를 줄 자격은 없으며, 남에게 피해를 주면서까지 자유를 가질 수는 없습니다. 따라서 마음이 좋지 않더라도 남을 배려하며, 내색하지 않도록 노력해 보겠습니다.

위와 같은 멘트로 불만을 사전에 방지합니다. 앞서 언급했듯이 학생들이 간절히 원하는 요소들을 적절히 활용하여 밀당의 무기로 삼으면, 학급경영의 주도권을 잡기가 훨씬 수월해집니다. 특히 자리 바꾸기는 학생들이 가장 기대하는 순간이면서도, 동시에 가장 많은 문제가 발생하는 시간이기도 합니다. 따라서 2주마다 정기적으로 자리를 바꿔주되, 불만이 생기지 않도록 기브 앤 테이크를 적절히 활용하는 것이 중요합니다.

### ⑤ 청소하기 전

청소 시간은 단순히 교실을 깨끗하게 하기 위함이 아니라 청소를 연습하는 시간이기도 합니다. 우리는 살아가면서 끊임없이 청소와 정리정돈을 해야 하며, 이것은 꼭 필요한 습관입니다. 따라서 주어진 시간 동안은 계속 청소를 연습한다고 생각하며 멈추지 않길 바랍니다. 연습에 끝은 없습니다.

청소 시간에 자기 자리만 대충 치우고 그냥 앉아 있는 학생들, 장난만 치고 있는 학생들, 수다만 떠는 학생들이 분명 있을 것입니다. 그리고 선생님이 물어보면 "다 했는데요?", "할 것 없는데요?"라며 실랑이를 벌이기도 합니다.

분명 청소 시간은 우리가 평생 살아가며 꼭 필요한 청소 기술을 연습하고 익숙해지는 시간이며, 연습에는 끝이 없다고 했습니다. 따라서 선생님은 그런 학생들에게 다가가서 더 힘든 곳을 계속 청소시킬 수밖에 없습니다. 그것이 선생님의 역할이자 의무이기 때문입니다.

하지만 언제나 선생님의 뜻을 잘 이해하고 훌륭하게 생활하는 여러분이라면, 자기 자리뿐만 아니라 주변 통로를 청소하거나 친구들도 도와주며 끝까지 열심히 청소할 것이라 믿습니다. 그리고 선생님에게 묻지 않고도 스스로 필요한 것을 찾아 청소할 줄 아는 똑똑한 학생들이라는 것도 잘 알고 있습니다.

그럼 그 믿음이 맞는지 지금부터 지켜보겠습니다. 청소 시작!

참고로 이미 청소가 진행 중인 상황에서는 학생 한 명을 특정하여 지적하는 것은 위험할 수 있습니다. 물론 그대로 잘 받아들이는 학생도 있지만 "왜 저한테만 그러세요?", "○○이도 안 했어요."라며 대꾸하는 때도 있기 때문입니다. 이때는 선생님이 어떻게 대응하든 얻을 것 하나 없는 말싸움으로 이어질 가능성이 큽니다. 정당한 지적이었지만, 학생 입장에서는 자기만 지적당했다며 기분이 상할 수도 있습니다. 자칫 감정싸움만 커질 수 있으므로, 이런 상황에서는 다음과 같이 말하면 더 얻는 것이 많습니다.

> 현재 3명이 청소하는 태도가 좋지 않으며, 선생님이 보고 있습니다. 지금부터 그 3명만 집중적으로 지켜볼 것이며 개선되지 않는다면 따로 부르거나 수첩에 기록하겠습니다.

이렇게 누구를 특정하지 않고 숫자로 이야기하면, 혹시 내가 거기에 해당하는 학생일지도 모른다는 생각에 원래 잘하던 학생들까지도 더욱 열심히 하게 되어 상향평준화를 유도할 수 있습니다. 그리고 불필요한 실랑이 없이도 태도가 미흡했던 학생들이 스스로 더 열심히 하게 되며, 자신의 이름이 직접 불리면 차별받는다고 따지는 학생과의 마찰도 피할 수 있겠죠.

물론 이렇게 말해도 여전히 열심히 하지 않는 학생은 있습니다. 하지만 단단한 학급경영이 추구하는 방향은, 문제 행동을 보이는 학생과 실랑이를 벌이며 부정적인 에너지를 교실에 쏟거나, 그의 존재감을 키워주는 것이 아닙니다. 핵심은, 원래 잘하던 학생들이 더 잘하도록 분위기를 조성해 상향 평준화를 이루고, 결국 문제의 학생이 자연스럽게 설 자리를 잃게 만드는 것입니다.

따라서 할 만큼 멘트를 했는데도 변화하지 않는다고 실망하거나 좌절할 필요는 없습니다. 잘하는 학생들에게 시선을 돌려 계속 칭찬해 주고, 그 존재감을 키워주는 것이 결과적으로 교실 전체의 상향평준화를 이루는 올바른 방향이 될 것입니다.

### ⑥ 학급 임원 선거하기 전

 선생님은 학급 임원선거뿐만 아니라 대통령 선거나 국회의원 투표도 많이 해봤습니다. 그런데 어린이든 어른이든 투표를 단순히 친한 친구나 좋아하는 사람을 뽑는 인기투표 정도로 여기고, 장난식으로 하는 경우를 많이 봤어요.

선생님은 그런 투표 방식이 참 답답합니다. 우리가 뽑은 대표가 결국 우리의 삶을 이끌어야 합니다. 남에게 피해만 주는 사람이 과연 모두에게 친절하고 배려하며 공정한 세상을 만들 수 있을까요? 오히려 차별이 난무하고, 어둠만이 가득한 세상이 될 가능성이 훨씬 크겠죠.

학급 선거도 마찬가지입니다. 예전에 어떤 반에서는, 평소 4가지 원칙도 지키지 않고 친구들을 괴롭히기만 하던 학생이 회장으로 뽑혀, 결국 1년 내내 선생님께 혼나고 놀이도 제대로 하지 못했던 적이 있습니다. 회장이 잘못하면 그 회장을 뽑은 여러분도 함께 책임을 져야 합니다. 내가 아무리 잘해도, 회장이 엉망이면 학급 전체가 피해를 볼 수밖에 없습니다.

하지만 선생님은 여러분이 현명하고 똑똑한 사람들이기에, 단순히 나랑 친한 친구나 재미있는 친구를 뽑는 것이 아니라, 평소 규칙을 잘 지키고, 모두에게 친절하며, 남에게 피해를 주지 않는 학생을 선택할 것이라 확신합니다.

이 중요한 선거를 아무 생각 없이 하지 않을 거라 믿습니다. 지금부터 후보들이 평소 4가지 원칙을 얼마나 잘 지켜왔는지, 우리 모두에게 차별 없이 친절했는지를 떠올리며 신중하게 고민하는 시간을 가지겠습니다.

지금까지 위와 같은 멘트로 저는 학생들이 올바르게 투표할 수 있도록 분위기를 조성했습니다. 그 결과 생활 태도가 매우 훌륭한 학생들만이 회장이 되었습니다. 그리고 책임감 있는 회장 덕분에 학급경영이 훨씬 수월해졌으며, 교실을 더욱 단단하게 만들 수 있었습니다. 선거 전, 학생들에게 심혈을 기울여 이러한 멘트를 전하며, 만약 잘못된 선택을 했을 경우 얼마나 최악의 상황이 올 수 있는지도 자세히 설명하는 편입니다.

### ⑦ 다수의 학생들이 잘못했는데 선생님이 못 본 상황

학교에는 수많은 CCTV와 다른 선생님들, 직원들, 그리고 학생들이 있습니다. 어느 곳에서도 몰래 무엇을 할 수 없다는 뜻입니다.

그런데 잘못을 인정하지 않고 거짓말과 변명으로 일관하는 학생들이 있습니다. 어차피 학교에서의 잘못은 결국 밝혀질 수밖에 없는데 말이죠. 게다가 선생님은 여러분이 아직 미성숙한 나이라는 것을 너무나 잘 알고 있으며, 혼내기 위해서가 아니라 도와

주기 위해 있는 사람입니다.

하지만 끝까지 자신도 속이고, 선생님도 속이며 거짓말과 변명으로 일을 키우는 어리석은 학생들이 있습니다. 처음부터 솔직하게 인정만 했어도 서로 웃으며 끝낼 수 있었을 일을, 거짓말과 변명으로 덮으려다 죄가 눈덩이처럼 커져 버리는 어리석은 학생들 말이죠.

선생님과 지금까지 생활해 온 여러분이라면 그렇지 않겠죠? 어떤 잘못이든 용기 있게 인정한다면 선생님은 그 용기를 크게 칭찬하며, 앞으로 더 나아질 수 있도록 친절하고 다정하게 도와줄 것을 여러분도 알고 있을 거라 믿습니다.

자, 그럼 누가 그런 용기가 있는지 볼까요? 오늘 운동장에서 욕한 사람, 용기 있게 손 번쩍!

다수가 잘못했을 때, 같이 있던 다른 학생들이 손을 들면 나 혼자 거짓말하기가 어려워집니다. 결국, 힘 하나 들이지 않고도 잘못한 학생들을 자연스럽게 찾아낼 수 있게 되는 것이죠. 게다가 용기 있게 인정만 하면 오히려 박수를 받으니, 차츰 잘못을 인정하는 문화가 학급 전체의 긍정적인 기조로 자리 잡게 됩니다. 핑계와 변명으로 선생님과 실랑이를 벌이는 것이 아니라, 스스로 용기 있게 인정하는 분위기가 형성된다면, 학생들을 더 좋은 방향으로 이끌기도 훨씬 수월해집니다. 어른들조차 자신의 잘못을 쉽게 인정하지 못하는 세상에서, 우리 학생들이 그 어려운 일을 해낼 수 있다면, 그것만으로도 충분히 가치 있는 일입니다. 이후 비록 시간이 걸리더라도, 한번 인정하는 법을 배운 학생들은 결국 선생님과 좋은 관계를 유지하며, 더욱 건강하게 성장해 나갈 것입니다.

### ⑧ 전담 시간의 문제

교사는 통제할 수 있는 영역과 통제할 수 없는 영역에 대한 분리를 잘 하는 것이 마인드 컨트롤에 도움이 됩니다. 특히 전담 시간의 문제가 대표적입니다. 평소에 잘하다가도 전담 시간만 되면 문제를 일으키는 학생이 있어 난감할 때가 있습니다. 그래서 전담 시간이 되기 전 학생들에게 열변을 토하며 잘하자고 지도도 하고 보상도 걸고 벌도 내려보지만, 노력한 결과에 비해 별로 나아지지 않는 경우가 대부분입니다.

사실 전담 시간에 함께 들어가지 않는 이상, 이 문제를 담임 교사 혼자 해결하는 것은 현실적으로 쉽지 않습니다. 애초에 담임 교사 역량 밖의 문제이기 때문입니다. 같은 전담 선생님이 여러 반을 가르친다고 해서, 모든 반의 분위기가 똑같을 수 있을까요? 각 반에는 다양한 특성을 가진 학생들이 있으며, 전담 선생님과의 상호작용 속에서 새로운 시너지가 생기는 것이 당연합니다. 따라서 모든 반이 일률적일 수는 없습니다.

반대로 생각해 보겠습니다. 만약 우리 반에서 엉망진창이던 학생들이 전담 시간에만 유독 잘한다면? '나는 우리 반 학생들을 잘 못 다루는데, 전담 선생님은 어찌 이리 잘 다루시지?'라는 생각이 듭니다. 결국, 전담 시간에 학생들이 더 잘해도 담임 교사 탓, 전담 시간에 더 못해도 담임 교사 탓이 되는 것이니, 이는 이치에 맞지 않습니다. 유독 우리 반이 전담 시간에만 분위기가 좋지 않다면, 그것은 전담 선생님이 우리 반 학생들의 특성에 맞게 규칙이나 지도 방법을 고민해야 할 문제이지, 담임 교사가 열을 낸다고 해결될 문제가 아닙니다. 게다가, 전담 시간의 문제를 담임 교사가 지나치게 통제하고 해결하려고 들면, 최악의 경우 담임 시간마저 이전보다 부정적인 분위기로 변할 수 있으니 주의해야 합니다.

그렇다고 해서 아무런 노력을 하지 않아도 된다는 뜻은 아닙니다. 학생들은 마땅히 모든 선생님을 존중해야 하며, 수업을 방해해서는 안 됩니다. 이에 대해서는 단호하게 지도할 필요가 있습니다. 다만, 그 결과가 쉽게 나아지지 않는다고 해서 자책하거나 자괴감을 가지며 부정적인 에너지를 쏟지 말라는 뜻입니다. 오히려, '내가 지금까지 이렇게 힘든 아이들을 이만큼이나 잘 관리하고 있었구나.' 하며 자신을 다독이고, 긍정적인 마음으로 지도하는 것이 정신건강 관리에 더 도움이 될 것입니다.

전담 시간의 문제에 대해 보통 저는 다음과 같은 논리로 이야기합니다.

만약 여러분이 전담 시간에 유독 태도가 좋지 않다면, 전담 선생님이 다른 선생님들과 이 사실을 공유할 것이며, 결국 선생님 실력이 형편없다는 소문이 돌게 될 것입니다. 그리고 그 소문은 결국 선생님 귀에도 들어오게 되겠죠.

지금까지 선생님은 여러분을 위해 최선을 다해 수업도 하고, 놀이도 하며 노력해 왔습니다. 그런데 만약 다른 사람들이 선생님을 나쁘게 평가하는 말을 들으면 기분이 어떨까요? 게다가 잘못을 저지른 건 여러분인데, 아무 죄도 없는 선생님만 욕을 먹는다면? 정말 불쾌할 것 같습니다. 여러분은 선생님이 이유도 없이 욕을 먹는 걸 원하나요?

누구도 남에게 피해를 줄 자격은 없습니다. 여러분이 전담 시간에 수업을 방해하면, 전담 선생님과 다른 학생들뿐만 아니라 담임 선생님에게까지 피해가 간다는 사실을 명심해야 합니다. 만약 선생님이 억울하게 이런 이유로 나쁜 평가를 듣게 된다면, 실망감과 함께 여러분을 위해 노력하고 싶은 의지도 꺾일 수밖에 없습니다.

그러니 오히려 선생님이 없는 시간에 더욱 최선을 다해, 전담 선생님께 "여러분 반은 정말 훌륭하네요!"라는 칭찬이 많이 들릴 수 있도록 노력해 주길 바랍니다.

### ⑨ 모둠 활동 전

교사에게 가장 필요한 소양이 무엇인지 묻는다면, 저는 자신 있게 '에너지 조절'이라고 답합니다. 한두 명도 아닌 20명이 넘는 에너지 넘치는 아이들이 좁은 교실에서 안전하고 바르게 성장할 수 있도록 교사 한 사람이 지도하고 관리하는 일은 결코 쉬운 일이 아닙니다. 해보지 않으면 절대 그 힘듦을 온전히 공감할 수 없는 일이죠.

게다가 하루 이틀도 아니고, 190일 동안 매일같이 긴장감 속에서 학생들과 지내다 보면, 학기 말이 왔을 때 몸과 마음에 무리가 와 결국 병가를 신청하거나, 방학과 동시에 병원에 가게 되는 선생님들도 많습니다. 어찌 보면 이 또한 필연적인 결과라고 할 수 있습니다.

1년이라는 장기 레이스에서는 무엇보다 에너지 조절이 필요합니다. 때로는 열정적으로 에너지를 쏟으며 지도하고, 때로는 힘을 빼고 유연하게 지도하는 것, 즉, 강약 조절을 잘하는 것만이 건강하게 1년을 보내는 길입니다. 그리고 이것은 교사에게만 필요한 것이 아니라, 매일같이 그 교사를 바라보고 의지하는 학생들에게도 꼭 필요한 일이 됩니다.

이를 위해서는 모둠 교육을 학기 초에 제대로 해두는 것이 중요합니다. 교사가 처음부터 끝까지 이끌어나가는 강의식 수업과 다르게 모둠 활동은 어느 정도 학생들이 주도하며 이끌어갈 수 있어 그만큼 교사의 에너지를 아낄 수 있습니다. 다만 모둠 활동에 대한 교육을 제대로 해놓지 않으면 분란이 생기거나 활동이 원활하게 이루어지지 않아 오히려 강의식 수업을 할 때보다 더 많은 에너지를 소모하게 되는 경우도 생길 수 있습니다. 따라서 모둠 활동을 하기 전 아래와 같은 멘트를 통해 교육을 철저히 해야 합니다.

> 모둠 활동은 단순히 공부만 하는 시간이 아니라, 다른 사람들과 협력하며 작업하는 방법을 연습하는 시간입니다. 어른이 된 선생님도 언제나 다른 선생님들과 협업해야 할 일이 많습니다. 그러므로 모둠 활동은 제대로 배워야 하는 중요한 과정입니다.
> 그런데 모둠 활동만 하면 꼭 상대방에게 시비를 걸거나 작업을 방해하며 엉망으로 만드는 학생들이 있죠? 서로 의견이 달라도 이해하고 배려하는 법을 배우는 시간인데 자기 마음대로 하려고 하다 결국 싸움이 벌어집니다.
> 다른 사람과 함께 협력하는 능력을 '사회성'이라고 합니다. 지능이 낮은 동물들은 이 사회성이 부족하기에 인간처럼 문명을 발전시키지 못했습니다. 가장 힘이 약한 인간이 이렇게 강한 존재가 될 수 있었던 이유도 다른 사람과 어우러지며 발전할 수 있는

사회성이 있기 때문입니다.

즉! 모둠 활동 때마다 분란을 일으키는 학생은 '나는 사회성이 매우 낮습니다.'라고 스스로 광고하고 다니는 것이나 마찬가지입니다. 물론 한두 번 실수하는 것은 괜찮지만, 반복된다면 그렇게 나쁘게 보일 수 있다는 말입니다.

선생님은 여러분을 믿습니다. 여러분은 그런 상황을 만들지 않기 위해 노력할 것이고, 의견이 달라도 싸우기보다는 서로 존중하며 웃으며 해결할 수 있는 사회적 능력이 출중한 학생들입니다. 그러니 모둠 활동에 집중하며, 서로 도우며, 어려움을 해결해 보길 바랍니다.

그리고 아래와 같이도 멘트합니다.

내가 잘 아는 내용에 대해서라면 모둠 활동을 할 때 답답함을 느낄 수 있어요. 모둠에는 느린 학생도 있기 때문이죠. 하지만 진정한 리더란 답답하다고 혼자 모든 일을 해버리거나, 느린 학생들을 비난하는 사람이 아닙니다. 오히려 느린 학생의 속도에 맞춰 배려하고 인내하며 모둠원 전체가 참여할 수 있도록 분위기를 만들죠. 그것이 바로 똑똑한 사회성입니다. 그런 리더가 있는 모둠은 분위기가 좋을 수밖에 없습니다. 그리고 선생님이 집중해서 보는 부분도 바로 그 부분입니다.

선생님은 결과물만 좋고, 모둠의 분위기는 엉망이며, 제일 똑똑한 학생 혼자 모든 걸 해내는 그런 모둠을 원하지 않습니다. 오히려, 결과물이 조금 부족하더라도 모두가 긍정적으로 웃으며 함께하는 모둠, 그 모둠을 '가장 훌륭한 팀'으로 평가합니다.

그러니 결과에만 집중하기보다, 함께하는 과정이 즐거운 모둠이 되길 바랍니다.

활동의 결과물만 가지고 평가하면 점점 똑똑한 사람 혼자서만 진행을 하게 되고 나머지는 소외되는 분위기가 형성됩니다. 그 과정에서 불만이 쌓이며 결국 모둠 활동을 시킬 때마다 분란이 발생하게 됩니다. 결국에는 교사가 모둠 활동을 편성할 동력을 잃게 되는 것이죠. 따라서 학기 초에는 결과물이 다소 엉성하더라도 서로 배려하며 웃으며 활동하는 분위기 좋은 모둠의 사례를 치켜세워주며 진정 중요한 것이 무엇인지를 교육하는 데 주안점을 둡니다. 그렇게 점점 모둠 활동이 긍정적으로 잘 이루어지기 시작하면 무엇보다도 교사가 강약 조절을 하기 위한 강력한 수단으로 활용할 수 있으며, 이는 곧 학생들에게도 긍정적인 영향을 끼치게 됩니다. 선생님이 건강하게 교실을 지지해야 학생들도 탄탄하게 꽃을 피우며 성장할 수 있습니다.

### ⑩ 영화(영상) 보기 전

영화 감상도 모둠 활동과 마찬가지로 선생님의 페이스 조절에 유용하게 쓰일 수 있는 도구입니다. 게다가 교사 커뮤니티의 각 교과에 '영화'라고 검색만 해도 수많은 교과 관련 영화 및 학습지가 수두룩하게 나오기 때문에 이 역시 기브 앤 테이크의 관점으로 접근합니다.

우선 학생들에게 영화는 단순한 재미를 위한 것이 아니라 교과서를 대체하는 또 다른 학습 활동임을 분명히 합니다. 교과서 수업이 흥미롭지 않아도 반드시 해야 하듯, 영화도 재미없더라도 끝까지 봐야 한다고 강조합니다. 그리고 만약 여러분들이 단 한마디도 하지 않고 조용히 영화를 감상한다면 학기 말에는 여러분들이 좋아하는 영화를 보는 시간을 주겠다며 밀당합니다. 반대로, 남에게 피해를 준다면, 영화를 볼 자격도 없으므로 그런 시간은 앞으로 없을 것이라고 단호하게 말합니다.

아래는 실제로 영화나 긴 영상을 보여주기 전에 항상 하는 멘트입니다. 이는 교사의 단호함을 분명하게 전달할 수 있는 강력한 메시지가 될 것입니다.

예전에 극장에서 영화를 보는데, 옆 사람이 계속 떠들더라고요. 결국, 선생님이 참지 못하고 "아저씨!" 하고 버럭 소리를 지른 적이 있어요. 선생님은 그만큼 남에게 피해를 주는 행동을 용서하지 못하는 성격입니다.

교실에서도 마찬가지입니다. 영화를 보여줄 때 꼭 옆 사람과 떠들거나 이상한 소리를 내며 집중을 방해하는 학생들이 있습니다. 여러분도 한 번쯤 그런 상황을 겪어 봤을 겁니다. 정말 사람을 화가 나게 하는 행동입니다. 맞습니까?

학교는 공부만 하는 곳이 아니라 인성교육을 하는 곳입니다. 선생님은 남에게 피해 주는 행동을 하는 학생들을 칼같이 지도할 것입니다. 그것이 나머지 학생들을 보호하는 길이기 때문입니다. 따라서 지금부터 영화를 보는 내내 단 한마디로 말을 하지 않을 것입니다. 말하는 즉시 선생님은 놓치지 않고 바로 지적할 것입니다. 상황이 심각하다면 그 학생만 영화 대신 학습지를 줄 예정이니 현명하게 행동하길 바랍니다.

여러분은 아침 시간에도 선생님의 원칙을 따라 조용히 자기 할 일을 잘하며, 남에게 피해를 주지 않으려 노력하는 훌륭한 학생들입니다. 그러므로 영화 볼 때도 충분히 잘 지킬 거라고 믿습니다. 영화가 재미있든 없든 끝까지 조용히 감상한다면, 선생님은 다음에도 언제든지 이런 시간을 마련해 줄 것입니다. 할 수 있겠습니까?

영화를 상영한 뒤, 누군가 작은 한마디라도 하는 순간 즉시 영상을 멈추고 조용히 그쪽을 응시합니다. 다시 영상을 틀었을 때 또 말이 나온다면, 다시 멈추고 "마지막 기회입니다."라고 단호하게 말합니다. 이 정도만 해도 분위기가 충분히 잡히지만, 그래도 또 말을 하는 학생이 있다면 복도로 데리고 나가서 다음과 같이 말합니다. "선생님이 아까 영화 볼 때 남에게 피해 주는 사람은 절대 용서하지 못한다고 했죠? 말할 때마다 이렇게 선생님이랑 밖에 나와서 이야기할까? 아니면 지금부터라도 조용히 감상할까?"

교사 커뮤니티에서 '이 영화, 5학년도 재미있게 볼까요?'와 같은 질문을 종종 볼 수 있습니다. 물론 학생들에게 재미있는 영화를 보여주고 싶은 선생님의 선한 마음을 이해합니다. 하지만 사실 중요한 것은 어떤 영화를 선택하느냐가 아니라, 어떤 영화든 학생들이 집중해서 끝까지 볼 수 있도록 분위기를 조성하는 것입니다. 만약 몇몇 학생들이 영화를 보는 내내 방해하거나 '재미없다'라는 분위기를 만든다면, 어떤 영화를 골라도 실패할 가능성이 큽니다. 이렇게 되면 교사는 영화 수업을 다시 시도하기 어려울 수도 있습니다. 하지만 반대로, 무엇이든 집중해서 감상하는 분위기가 형성된다면, 영화 수업은 항상 성공할 수밖에 없습니다. 그리고 이러한 수업은 교사에게도 종종 꼭 필요한 시간이 될 것입니다.

## ⑪ 차등 지도가 필요할 때

4가지 원칙은 누구에게나 평등하게 지도하는 것이 맞습니다. 표면적으로는 그렇지만, 통합 학급을 맡았거나 심각한 문제 학생이 있는 경우에는 차등 지도가 필요기도 합니다. 우선 특수아동이나 문제 학생들을 일반 학생들과 동일 선상에서 지도한다면 끝없는 지적과 잔소리가 이어질 수밖에 없고, 이는 학생과 교사 모두에게 부정적인 영향을 미칠 것입니다. 그래서 저는 그 학생이 가장 고쳤으면 하는 문제 행동 1~2가지만 교정하는 것을 목표로 두고 사소한 잘못들은 의도적으로 배제했습니다.

예를 들어, 쉬는 시간만 되면 누군가와 싸우는 문제 학생이 있다고 가정해 보겠습니다. 장난을 치고, 욕을 하고, 때로는 폭력까지 저지르는 학생이라 매번 쉬는 시간마다 크고 작은 사건이 발생하고, 결국 교사와 상담하는 일이 반복됩니다. 이처럼 최우선으로 교정해야 할 심각한 문제 행동이 있는 경우, 다른 사소한 행동에 대해서는 최대한 지적이나 잔소리를 하지 않으려고 노력합니다. 쉬는 시간에 복도에서 그 학생이 뛰어다니고 있다고 합시다. 다른 학생 같으면 "남에게 피해 주지 않습니다."라고 단호하게 지도하겠지만, 그 학생에게는 더 시급한 문제가 있기에 이 정도는 눈감아 준다는 것입니다. 대신 상담할 때 이렇게 이야기합니다.

○○이는 올해 친구들과 싸우는 문제만 줄이면 대성공이야. 선생님은 그 부분이 나아질 수 있도록 계속 도와줄 거야. 너도 고치고 싶은 거 맞지? 최근에 ○○이가 복도에서 뛰는 걸 봤어. 다른 학생들이라면 선생님이 바로 지적했겠지만, ○○이가 될 땐

그냥 지나쳤어. 왜 그랬을까? ○○이는 특별해서 뛰어도 되는 것일까? 아니야. 선생님은 ○○이가 친구들과 싸우는 문제를 우선하여 고칠 수 있도록 배려한 거야. 물론 복도에서 뛰는 것도 바람직하지 않지만, 선생님이 이것저것 다 지적하고 혼내면 너도 힘들고 괴롭겠지? 그래서 선생님은 ○○이가 꼭 고쳐야 할 가장 중요한 문제에 집중하도록 도와주고 있는 거야. 그러니까 너도 최선을 다해서 친구들과 싸우지 않도록 노력해 보자. 선생님이 널 배려하는 만큼, 너도 노력할 수 있겠지? 할 수 있겠어?

예전에 통합 학급을 맡았을 때, 특수아동은 '아침 시간 조용히 하기' 원칙을 잘 지키지 못했습니다. 혼잣말하는 경우가 잦았고, 가끔은 선생님에게 불쑥 말을 걸기도 했습니다. 이때 그것을 본 다른 학생들이 피식 웃는 일이 종종 있었습니다. 그리고 이는 교실 전체의 분위기에 영향을 미쳐 원칙을 유지하는 데 방해가 되었습니다. 그래서 저는 이 부분을 최우선으로 지도하기로 했습니다.

○○이는 올해 아침 시간에 조용히 자기 할 일 하는 것만 노력하면 돼. 선생님은 다른 것은 하나도 바라지 않아. 그 부분만 계속 신경 써 보자. 사실 수업 중에 ○○이가 손 들지 않고 말해도 선생님은 지적 한번 안 하고 바로 들어줬어. 다른 학생들이라면 "손 들고 말합니다."라며 원칙을 강조했을 텐데. 왜 그랬을까? 그건 이것저것 선생님이 다 지적하면 ○○이가 너무 힘들 걸 알기 때문에 많이 배려해서 한 가지에만 집중하기로 한 거야. 무엇만 고치면 된다고? 그래. 앞으로 더 노력해 보자. 선생님도 계속 도와줄게.

'이미 많은 것을 봐주고 있으니, 이거 하나만큼은 고치도록 노력하자'라며 기브 앤 테이크 방식으로 이야기를 하는 편이며, 실제로 사례로 든 학생들의 문제 행동은 확실하게 고쳐질 수 있었습니다. 문제의 행동이 사라지면서 해당 학생을 칭찬하는 일이 많아졌고, 그 과정에서 나머지 소소한 문제들도 자연스럽게 개선되는 효과도 보았습니다. 다만 이 경우 나머지 학생들의 불만이 우려되기도 합니다. 저 역시 그 부분을 고려하여 해당 학생이 자리를 비운 틈에 학생들에게 종종 다음과 같은 취지의 멘트를 전하곤 합니다.

동물 중에는 달리기가 빠른 치타도 있고 느린 거북이도 있습니다. 성질이 포악한 늑대도 있고 순한 토끼도 있습니다. 이렇게 동물의 세계만 봐도 모두 각기 다른 특성과 개성을 가지고 있습니다. 이는 사람 사는 세계도 마찬가지죠? 느린 사람, 빠른 사람, 성질이 포악한 사람, 온순한 사람 등 다양한 사람들이 함께 어울리며 생활합니다. 하지만 다른 점이 있다면 동물의 세계에서는 느리고 순한 동물을 빠르고 포악한 동물이 괴롭히고 심지어 잡아먹기까지 하는데 사람들의 세계에서는 서로의 특성을 인정하고 배려해 주려고 노력하는 것이죠.

따라서 거북이처럼 느린 학생에게 남들과 똑같이 빠르게 달리라고 강요할 수 없어요. 강요한다고 되는 것도 아니잖아요? 성질이 급한 학생에게 지금 당장 거북이처럼 느긋하게 행동하라고 해서 바로 고쳐질까요? 불가능합니다. 신이 아니라면 누구도 사람을 한 번에 변화시킬 수 없습니다. 그래서 선생님은 특별한 경우 기다려주는 배려를 할 수밖에 없습니다.

그런데 꼭 선생님의 그런 지도에 불만을 품거나 '나도 그럼 이제 거북이처럼 느리게 행동해야지'라고 하며 한심한 말을 학생들이 꼭 있습니다. ○○이는 여러분들과 다르게 좀 어려운 부분이 있고 선생님은 그 친구가 천천히 성장할 수 있도록 돕는 중인데요. 그걸 차별이라 느끼거나 '나도 그럼 막 행동해야지'라고 생각한다? 그런 식으로 방해한다면 선생님이 과연 그냥 넘어갈 수 있을까요? 과연 그런 학생들에게 더 잘해주고 싶은 마음이 들까요?

○○이가 남들과 다름을 여러분들도 이해하고 선생님을 믿으며 늘 평소와 같이 잘 해준다면 선생님은 정말 고맙게 생각하고 여러분들에게 더 잘해주려고 노력할 것입니다. 즉, ○○이를 선생님이 어떻게 지도하든, 여러분은 신경 쓰지 말고 평소처럼 4가지 원칙을 잘 지키는 데 집중하면 됩니다. 그리고 그 노력에 대한 보상은 선생님이 충분히 해줄 것이라는 점을 꼭 기억하길 바랍니다.

## ⑫ 아, 재미없어

수업 예고나 특정 놀이를 하겠다고 말했을 때, "아, 재미없겠다", "하기 싫은데" 등의 반응을 보이는 학생들이 있습니다. 이런 학생들은 교실 분위기를 부정적으로 만들 뿐 아니라 선생님의 마음까지 흔드는 학생들이죠. 만약 그대로 둔다면, 점점 더 많은 학생이 따라 하게 되고, 대놓고 부정적인 말을 하는 분위기가 형성되기 쉽습니다. 따라서 초반에 강하게 말할 필요가 있습니다.

🧑‍🏫 선생님이 여러분과 함께하는 모든 활동은 국가교육과정에 포함된 것입니다. 교과서 수업은 물론 학습지, 단원평가, 심지어 게임이나 놀이도 모두 국가교육과정에 따른 의무교육입니다. 그런데 이런 수업을 할 때마다 "아, 재미없겠다.", "하기 싫다."와 같은 말을 하며 수업을 방해하고 교권을 침해하는 학생들이 있어요. 이런 학생들은 교사 생활을 하면서 늘 존재해 왔습니다.

수학이 하기 싫으면 안 해도 되고, 국어가 하기 싫으면 사회로 바꿔도 될까요? 자기가 하기 싫다고 떼쓰는 것은 몇 살 수준의 행동일까요? 한두 살짜리 아기가 밥 먹기 싫다고 투정 부리는 것과 무엇이 다를까요? 자기만 모르지 그 행동을 보는 사람들은 모두 그 학생을 한심하게 여길 것입니다.

여러분은 당연히 그런 부정적인 소리를 하지 않으리라 생각합니다. 선생님이 수업 중 어떤 활동을 하든 그 모든 것이 국가교육과정임을 명심하고, 재미가 있든 없든 성실하고 열심히 참여하는 현명한 학생들이라 믿습니다. 선생님이 매주 놀이 시간까지 편성하며 여러분을 위해 노력하고 있다는 것을 안다면, 그런 말은 하지 않을 것입니다. 선생님이 어떤 활동을 하든 긍정적으로 받아들이고, 최선을 다해 줄 것을 믿습니다.

이렇게 말했음에도 그런 학생이 있다면 단호하게 복도로 불러내어 한마디 합니다.

🧑‍🏫 선생님이 개그맨이야? 재미 있게 해주려고 활동을 하는 것 같아? 선생님은 이런 활동 하나 준비하려고 밤새도록 수업 연구하고 학습지도 만들고 카드도 자르면서 너희들을 위해 시간을 투자하고 있어. 조금이라도 더 알차게 너희들이 배울 수 있도록 끊

임없이 노력하는 것이 선생님 마음이야.

근데 선생님이 이만큼 준비한 것을 하자고 했을 때 "아, 재미없겠다."라고 굳이 한 마디를 해서 선생님 기분 나쁘게 하고 싶어? 그런 말을 하면 서로의 마음에 어떤 일이 일어날까? 너희 부모님이 열심히 요리해서 식탁에 음식을 준비했는데 "아, 맛없겠다." 이렇게 말하면 어머니 마음이 좋겠니? 남이 열심히 준비한 것을 그대로 받을 때는 상대의 노력을 생각하고 우선 고마운 마음을 가져야 하는 거야. 반대로 생각해 보자. 네가 열심히 그린 그림에 선생님이 제대로 보지도 않고 "아, 진짜 못 그렸네."라고 하지 않지? 무조건 잘했다고 칭찬해 주지. 그러니 상대의 노력을 무시하지 말고 긍정적인 말을 앞으론 해봐. 그만큼 너에게 모두 긍정적으로 되돌아오게 되어 있으니까.

참고로 교사가 하는 노력에 대해 학생들에게 생색내는 것 또한 선택이 아닌 필수입니다. 일부 선생님들은 '언젠가 내가 하는 노력을 학생들이 알아주겠지?' 생각을 하며 학생들의 행동을 참고 또 참습니다. 그러나 아쉽게도 학생들은 절대 스스로 선생님의 노력을 깨닫지 못합니다. 어른이 되어 교사가 되어 보지 않는 이상, 평생 선생님의 은혜를 모를 것입니다. 당연합니다. 교사가 해주는 모든 것에 대해 학생들은 '원래 이렇게 하는구나', '6학년이 되니 이런 것도 하네?'라고 여기지, 우리 선생님이 안 해도 되는 것을 우리를 위해 특별히 해주신다고 생각하지 못한다는 것입니다. 따라서 생색내기 멘트를 하는 것은 부끄러운 것이 아닙니다. 오히려 상대방의 정성을 낭연하게 여기지 않고, 감사함을 느껴야 한다는 것을 가르치는 과정임을 잊지 마시길 바랍니다.

 안 하고 넘어가도 되는 활동이지만 여러분들을 위해 어제 늦게까지 선생님이 연구하고 준비한 활동입니다. 모두 박수!

## ② 주기적으로 하면 좋은 멘트

일상 멘트는 자리 바꾸기, 영화 보기, 모둠 활동 등의 일상적으로 하는 활동에서 자연스럽게 하는 멘트라면 주기적 멘트는 교사가 마음을 먹고, 또는 날을 잡아 학교폭력 등을 예방하기 위해 의식적으로 하는 멘트입니다. 주기적 멘트 역시 일상 멘트와 마찬가지로 권위-문제 행동-예방-칭찬 및 신뢰의 흐름으로 이루어집니다.

세상에 태어날 때부터 잘못을 저지르는 학생은 없습니다. 본인도 그런 행동을 할 것이라 미리 계획하지도, 예측하지도 못합니다. 뒤를 생각하지 않고 본능적으로 저지르는 것이 대부분입니다. 따라서 이를 예방하는 멘트를 하는 것은 학생들의 특성을 고려할 때 꼭 필요하며, 충분히 효과가 있습니다.

주기적으로 하는 멘트 중, 반드시 교육해야 할 필수 내용은 아래와 같습니다.

### 5대 학폭 예방 교실 필수 지도

| | |
|---|---|
| 단톡방 | 원치 않게 험담, 욕을 볼 수밖에 없고 오해 생기기 쉬움 |
| SNS 저격 | 불특정 다수가 볼 수 있고 관심을 가지게 됨(왕따 원인) |
| 뒷담화 | 불필요한 오해의 원흉, 이유 없이 친구와 멀어지는 계기 |
| 귓속말 | 주변 사람이 소외감 느끼게 하는 대표적 악습 |
| 쪽지 | |

### ① 단톡방 예방 멘트

학기 초에 꼭 단톡방부터 아래와 같이 교육합니다.

학교폭력의 90% 이상이 어디에서 발생하는지 아나요? 바로 단톡방입니다. 이는 국가기관에서 발표한 신뢰도 높은 통계자료에 근거한 사실입니다. 그러므로 선생님은 단톡방이 남에게 심각한 피해를 줄 수 있는 공간이라고 판단하여 이를 금지합니다. 단톡방에서는 원치 않는 험담, 욕설, 심지어 부적절한 사진까지 보게 되는 일이 흔히 발생합니다. 이는 분명히 남에게 피해를 주는 행동입니다. 그럼에도 불구하고, 단톡방을 몰래 만들고 친구들을 초대해 욕설이나 험담을 하며 죄 없는 친구들에게 피해를 주는 학생들이 종종 있습니다. 심한 경우, 왕따나 은따 같은 심각한 학교폭력으로 이어지기도 합니다.

이 순간 이후로 단톡방을 만들거나, 그것에 속해 있다가 적발된다면, 선생님은 절대 용서하지 않을 것입니다. 그곳에서 발생하는 어떠한 문제에 대해서도 도움을 줄 생각이 없습니다. 이미 선생님이 단톡방을 허락하지 않는다고 분명히 경고했기 때문입니다. 이제 선택은 여러분에게 달려 있습니다. 오늘 학교가 끝난 후, 이미 속해 있던 단톡방을 나가겠습니까? 아니면 선생님의 경고를 무시하고 학교폭력의 씨앗을 계속 심겠습니까? 단톡방의 위험성을 진지하게 생각하고, 여러분이 현명한 결정을 내리리라 선생님은 믿습니다.

물론 교사가 학생들의 개인 휴대폰을 모두 검사할 수는 없으므로, 몰래 단톡방을 운영하는 학생들이 있을 수 있고, 이로 인해 문제가 발생하기도 합니다. 하지만 위와 같은 강력한 단톡방 금지 멘트를 하느냐 하지 않느냐는 분명 큰 차이를 만듭니다. 학생들은 순간의 재미나 감정에 휩쓸려 부정적인 결과를 충분히 예측하지 못한 채 문제를 일으키는 경우가 많습니다. 따라서 사건이 터진 후에 교육하는 것보다, 사전에 강력한 메시지를 전달하여 예방하는 것이 훨씬 효과적입니다. 만약 사건이 발생하더라도, 학생들은 이미 선생님이 단톡방을 금지했다는 사실을 알고 있으므로 자신이 경고를 어겼다는 점을 인정하고 반성하는 태도를 보였습니다. 덕분에 해결 과정이 비교적 수월해집니다. 때로는 '도둑이 제 발 저려' 스스로 문제를 해결하기도 합니다.

실제로 멘트를 하고 나면 대부분 알아서 단톡방에서 나갑니다. 물론 "태권도 도장에서 만든 단톡방도 나가야 하나요?", "가족 톡방도 나가야 하나요?"와 같은 질문이 끊임없이 이어지기도 합니다. 이때 선생님은 단 하나의 기준으로만 판단하시면 됩니다. 어른이 한 명이라도 있으면 가능, 아니면 무조건 불가능하다가 그 기준입니다.

저학년도 반드시 지도해야 합니다. 실제로는 예상보다 많은 저학년 학생들이 단톡방을 사용하고 있습니다. 2024년도에 운영한 학급경영 단톡방에서 이 멘트를 직접 활용해 본 저학년 선생님들은 생각보다 많은 학생이 단톡방을 하고 있다는 사실에 놀라워했습니다. 그리고 결과적으로 이 지도를 하길 정말 잘했다는 긍정적인 피드백을 받았습니다.

혹시라도 "굳이 저학년까지 해야 하나?"라는 고민이 들더라도, '밑져야 본전'이라는 마음으로 꼭 시도해 보시길 바랍니다. 예방 차원의 지도는 아무리 이른 시기에 시작해도 결코 손해가 아닙니다.

첫 단톡방 교육 후에도 주기적으로 인정하기 기술을 활용하며 다음과 같이 멘트합니다.

> 지난번에도 말했듯이, 학교폭력의 90% 이상이 단톡방에서 발생하며 선생님은 이를 절대 허용할 생각이 없다고 분명히 말했습니다. 철저하게 금지한다고 강조했음에도 불구하고, 최근 6학년에서 단톡방 문제가 터졌습니다. 선생님은 누가 단톡방을 만들었는지 알고 있습니다.
> 이제 용기 있게 인정할 시간입니다. 항상 말했듯이, 여러분은 충분히 실수할 수 있는 나이이며, 선생님은 여러분을 혼내기 위해 있는 사람이 아니라 바르게 성장하도록 돕는 사람입니다. 하지만 만약 인정하지 않고 거짓말과 변명으로 일관한다면? 선생님은 전혀 도울 생각이 없습니다. 어차피 단톡방은 여러 명이 속해 있기 때문에 금방 파악할 수밖에 없습니다.
> 자! 현재 단톡방에 들어가 있는 학생은 용기 있게 일어서세요. 약속했듯이, 용기 있게 인정하는 학생은 혼내지 않을 것이며, 지금 바로 핸드폰을 켜서 단톡방을 나가도록 합니다. 이번에는 너그럽게 넘어가지만, 만약 또다시 이런 일이 발생한다면 지금보다 훨씬 강하게 지도할 것입니다.

이 멘트는 작년에 6학년을 가르칠 때 했던 말입니다. 그리고 첫 번째 문단의 '최근 6학년에 단톡방 문제가 터졌다.'는 지어낸 말이지 사실이 아니었습니다. 하지만 정확하게 11명의 학생이 용기 있게 일어났습니다. 저는 6

학년 학생들이라면 어차피 또 단톡방을 만들었을 것이라 예상했기에, 담담하게 인정한 학생들에게 칭찬을 건넸고, "단톡방은 아직 미성숙한 여러분들에게는 위험 요소가 많으니 나가는 것이 최선이다."라고 지도했습니다.

물론 이렇게 교육을 주기적으로 해도 만드는 학생들은 또 단톡방을 만듭니다. 그러나 교사는 할 수 있는 최선을 다한 겁니다. 언급했듯이 교사는 분리를 잘해야 하며, 단톡방을 만드는 것은 교사가 통제할 수 없는 영역입니다. 부모가 관리해야 할 영역이죠. 결과적으로 사건이 발생하더라도, 교사가 예방 교육을 했다는 것만으로도 할 수 있는 역할과 책임을 다한 것입니다. 눈에 보이지 않지만, 이러한 멘트를 하지 않았다면 분명 더 많은 사건이 생겼을 것입니다.

② SNS 지도 멘트

나이 제한이 있어도 학생들은 쉽게 우회하여 페이스북이나 인스타그램을 사용합니다. SNS 자체가 문제라기보다는 그 SNS를 통해 메시지를 주고받거나 단체 대화를 할 수 있고, 심지어 스토리 등의 기능을 이용해 특정 대상을 저격하는 행동이 가능하다는 점이 문제입니다. 물론 SNS 역시 교사가 직접 통제하기 어려운 영역이므로 분리가 필요합니다. 하지만 아래와 같은 예방 멘트를 꾸준히 전달하는 것은 교사가 마땅히 해야 할 역할입니다.

요즘 SNS를 하는 초등학생들이 증가하고 있고 사실 선생님은 우리 반에 누가 하고 있는지를 이미 기록해놓고 있습니다. 놀랐죠? SNS는 누구나 볼 수 있기에 그 정도는 너무나 쉽죠. 여러분들도 알겠지만 인스타나 페이스북 등은 모두 15세 이상만 할 수 있으며 초등학생이 하는 것은 법을 어기는 일입니다. 당연히 선생님도 금지합니다.

여전히 몰래 SNS를 사용하는 학생들이 있을 것입니다. 문제는, 스토리나 페이스북 메시지 등을 통해 학교폭력이 많이 발생한다는 점입니다. 여러분은 아직 미성숙한 시기이기 때문에, 감정적으로 행동하다가 쉽게 그런 문제가 생길 수 있어요.

선생님이 분명 SNS 사용을 금지한다고 여러 차례 경고했음에도 불구하고 몰래 사용하다가 문제가 터진다면? 그 순간, 선생님은 깊은 배신감을 느낄 것이며, 평소보다 훨씬 무섭게 지도할 것입니다.

법을 어기면서까지 몰래 SNS를 하고 싶다면, 문제가 터졌을 때도 스스로 해결할 수 있는 책임감 있는 학생이 되길 바랍니다. 하지만 그럴 자신이 없다면, 오늘 당장 SNS를 삭제하세요. 여러분이 어떤 선택을 하든, 그에 따른 책임도 함께 져야 한다는 점을 잊지 마세요. 선생님은 여러분이 현명한 판단을 내리리라 믿습니다.

그리고 아래와 같은 교육도 합니다.

사실 친한 친구에게 비밀스럽게 다른 친구의 욕을 했을 때 그 친구만 비밀을 지켜주면 아무런 문제가 생기지 않습니다. 하지만 그 말을 스토리나 카카오톡 프로필 같은 인터넷상에 남기게 되면? 상황은 완전히 달라집니다. 불특정 다수가 그 글을 볼 수 있게 되고, 때로는 캡처가 되어 영원히 증거로 남게 됩니다. 결국 그 사실은 여러분의 부모님이나 선생님에게까지 전해질 수밖에 없습니다.

그리고 더 중요한 것은, SNS에 상대방을 욕하는 글을 남기는 것은 심각한 '명예훼손'이며, 이는 곧 범죄 행위가 된다는 점입니다. 얼마나 위험한 행동인지 알겠죠? SNS에 남의 욕을 남기는 순간, 결국 그 불행은 자기 자신에게 돌아오게 된다는 것을 꼭 명심하세요.

### ③ 뒷담화 예방

학교폭력의 첫 시작은 뒷담화에서 비롯되는 경우가 많습니다. 뒷담화로 누군가를 표적으로 삼아 따돌림 행위인 '은따(은근히 따돌림)'나 '왕따(집단 따돌림)'를 합니다. 그러다가 결국 학교폭력으로 발전합니다. 따라서 그 시작인 뒷담화 예방에 최선을 다하는 것이 좋습니다. 초장에 싹을 잘라버리는 것이죠.

학생들이 주로 하는 뒷담화의 유형은 귓속말, 쪽지 돌리기, SNS가 있습니다. 이중 SNS는 교사가 통제하기 힘든 영역이지만 귓속말과 쪽지 돌리기는 학급에서 충분히 금지할 수 있습니다. 이때 하는 멘트는 다음과 같습니다.

인생의 진리가 하나 있습니다. '나에게 다른 사람 험담하는 사람을 절대 믿지 마라.' 늘 다른 친구 욕을 하거나 같이 놀지 말자고 선동하는 사람이 있죠? 그 친구는 언젠가 다른 사람에게 내 욕도 하고, 나를 왕따시킬지도 모르는 사람입니다. 내가 직접 보거나 듣지 않은 이상, 남이 하는 뒷담화를 절대 믿어서는 안 됩니다. 그런 습관을 버리지 못하면, 어른이 되어서도 큰 사기를 당하고 돈을 잃으며 불행한 삶을 살게 될 것입니다.

선생님은 뱀의 혀를 가진 사람들을 혐오합니다. 어른 중에도 그런 사람들이 많은데 아주 못 배운 사람이라 생각하며 다들 그런 사람을 멀리하려고 합니다. 누가 싫으면 혼자 싫어하면 될 일이지, 그 감정을 남에게 퍼뜨리고 같이 놀지 말라고 왕따를 시키며 선동하는 행동, 이는 명예훼손이며 명백한 학교폭력이에요. 누구도 다른 사람의 마음에 상처를 줄 권리는 없습니다. 현명한 여러분들이라면 자신의 인생을 망치지 않기 위해 뒷담화하지 않을 것이며 뒷담화를 들어도 믿지 않으리라 생각합니다. 알겠습니까?

위와 같은 단호한 멘트를 한 뒤 뒷담화의 범위를 명확하게 알려줍니다.

우선 귓속말로 친구와 대화하는 것은 그 앞에 있는 사람에게 불안감을 주는 행동이기 때문에 금지라고 말합니다. 상대가 내 뒷담화를 하는지 아닌지 알 수 없는 상황 자체가 불편함과 불안감을 줄 수 있기 때문입니다. 어떤 경우에도 귓속말은 하지 않는 것이 원칙이며, 정말 비밀 얘기를 하고 싶다면, 아무도 눈에 띄지 않는 곳에서 조용히 이야기하는 것이 바람직하다고 알려줍니다.

쪽지를 써서 돌리는 것 또한 뒷담화에 해당합니다. 실제로 그 내용이 뒷담화가 아니라고 해도 주변에 있는 친구들은 혹시 내 욕을 하는 것은 아닐까 하는 불안한 마음이 들 수 있으며 이는 남에게 피해 주기 행동이 됩니다. 할 말이 있으면 쉬는 시간에 하면 되는 것이고 남이 들으면 안 되는 비밀 얘기라면 집에서 개인 카톡으로 하거나 아니면 아무도 없는 공간에서 조용히 대화해야 한다는 점을 알려줍니다.

이외에도 어디에든 남의 욕을 기록하는 것 또한 뒷담화에 해당합니다. 예를 들어, 화장실 벽에 남의 험담을 적어 모두가 볼 수 있게 하거나, 본인의 공책에 적어 두었더라도 결국 그 종이를 누군가 보는 순간 그 내용은 모두에게 밝혀지게 됩니다. 결국, 어떤 형태로든 남의 험담을 글로 남기는 것은 뒷담화이며, 타인에게 불필요한 상처를 주는 행동이므로 금지해야 합니다.

선생님에 대한 뒷담화 역시 금지해야 하는 것은 당연합니다. 선생님도 사람이며, 학생들과 마찬가지로 감정을 가진 존재이기 때문입니다. 학생들과 선생님은 단순한 관계가 아니라, 국가에서 규정한 의무교육을 수행하는 특수한 관계입니다. 선생님은 국가의 교육과정을 책임지는 사람이며, 학생들은 의무적으로 교육을 받아야 하는 존재입니다. 따라서 선생님에 대한 뒷담화는 단순한 험담이 아니라, 교권 침해이자 심각한 명예훼손이며, 공권력을 무시하는 행동이라는 점을 분명히 알려줄 필요가 있습니다.

뒷담화도 주기적으로 지도하며 예방 효과를 강화해야 합니다. 단톡방 교육을 할 때처럼 '인정하기 스킬'을 활용하지만, 방식에는 차이가 있습니다. 뒷담화를 최근에 한 학생들에게 공개적으로 손을 들라고 요구하지 않는 이유는, 뒷담화는 학생들 스스로도 부끄러운 행동이라는 것을 알기 때문에 공개적으로 인정하기 어려울 수 있으며, 피해자가 예상될 수도 있기 때문입니다. 따라서, 조금 예민한 사안일 경우에는 모든 학생을 엎드리게 한 뒤 비밀 투표로 진행합니다. 그리고 앞으로 더 심각한 사례가 발생할 경우, 전체가 종이에 적어 신고하도록 할 수도 있으며, 그 학생을 따로 지도할 것이라는 정도만 암시하는 멘트를 하고 마무리합니다.

### ④ 은따, 왕따 예방

 선생님이 가장 용서할 수 없는 것이 왕따나 은따 관련 행동(뒷담화, 쪽지, 귓속말 등)이며 가장 높은 등급의 잘못으로 절대 그냥 넘어가지 않습니다. 이는 피해자 학생뿐만 아니라 그 친구의 가족 전체에게 씻을 수 없는 상처를 평생 남기기 때문입니다.

내가 괴롭히는 사람이 사실 혼자가 아니며 그 뒤에 아빠, 엄마, 친척 등 수 많은 어른이 함께 있음을 명심해야 합니다. 내가 그 사람이 싫으면 그냥 멀리하면 되는 것이지 누구도 남의 마음에 치명적인 상처를 줄 자격이 없습니다. 선생님도 어릴 적 비슷한 경험을 당해봤기 때문에 더더욱 강하게 지도할 것입니다.

여러분들은 그런 어리석은 행동은 절대 하지 않을 것이라 믿으며 혹시 실수로라도 했다면 선생님께 바로 찾아와서 인정하면 선생님도 용서하고 잘 해결되도록 돕도록 하겠습니다. 절대 남에게 치명적인 상처를 주는 행동은 하지 맙시다. 알겠습니까?

유명 연예인이나 운동선수가 과거에 학교폭력을 저질렀다는 사실이 알려져 물의를 일으킨 사건 등을 자주 소개합니다. 유명인이 아니더라도, 과거의 학교폭력 사실이 SNS를 통해 빠르게 확산될 수 있다는 사례도 포함해서요. 학교폭력 피해자는 평생 그 고통을 안고 살아가며, 가해자를 결코 쉽게 용서하지 않는다는 사실을 깨닫게 해야 합니다. 단순한 실수라 하더라도 누군가를 괴롭힌 행동은 시간이 지나도 절대 사라지지 않으며, 결국 자신의 미래까지도 망칠 수 있다는 점을 강조하며, 절대 학교폭력에 연루되지 않도록 지속적으로 교육합니다.

### ⑤ 욕설 예방

욕설 지도 역시 교사가 어느 정도 분리를 잘해야 하는 영역입니다. 백번을 강조해도, 학생들은 매일같이 유튜브, 인스타 같은 SNS나 게임을 통해 욕을 접하고 습득합니다. 심지어 좋아하는 유튜버나 인플루언서가 습관적으로 욕을 하는데도 사람들이 웃고 좋아하며 오히려 더 인기가 올라가는 모습을 보면서, 욕설을 긍정적으로 인식할 가능성이 큽니다. 학급의 모든 학생이 이미 알고 있는 욕을 교사만 모르는 경우도 있습니다. 이처럼 욕설 사용은 교사가 완전히 통제하기 어려운 영역이기 때문에, 저는 현실적으로 학생들에게 실천 가능한 기준을 제시하며 지도합니다. '다른 사람이 들을 수 있는 곳에서는 절대 욕을 하지 않기.'

> 선생님도 어릴 적 친구들과 욕도 많이 하면서 놀았고 지금도 친구들과 욕할 때도 있습니다. 때로는 좋아하는 유튜버의 욕을 그대로 따라 해보기도 합니다. 그래서 여러분들이 욕하는 것에 대해서는 너무나 잘 이해합니다.

하지만 선생님이 여러분들 앞에서 욕을 하는 것을 들은 적이 있나요? 친구들끼리 있을 때 서로 웃으면서 하는 것은 문제가 없으나 학교와 같은 공공장소에서는 절대 욕하면 안 됩니다. 원치 않게 누군가 우연히 그 욕을 듣고 기분이 나쁠 수 있으며 이는 명백히 남에게 피해를 주는 행동이기 때문입니다.

어른들조차 공공장소에서 쉽게 욕을 내뱉는 사람들이 있습니다. 하지만 솔직히 그런 사람들을 보고 무섭다고 느끼기보다는 하찮게 여기는 것이 일반적인 인식입니다.

'저 사람은 도대체 얼마나 제대로 인성교육이 안 됐기에, 남들이 다 들을 정도로 욕을 할까?'라는 생각이 들기 마련이죠. 그런 행동은 결코 멋있거나 강해 보이는 것이 아닙니다. 때로는 공공장소에서 욕을 하다가 시비가 붙고, 결국 경찰이 출동하거나 심지어 감옥에 가는 어리석은 상황으로까지 이어지기도 합니다.

결론은 뭘까요? 친구들끼리 따로 있을 때는 욕을 할 수도 있다고 선생님도 생각하지만 다른 누군가 들을 수 있는 장소에서는 여러분과 여러분의 부모님을 위해서도 절대 욕을 하지 않도록 조심하고 또 조심해야 한다는 것입니다. 특히 이 교실 내에서 선생님 귀에 욕이 들리게 된다면? 그 뒷일은 상상에 맡기겠습니다.

욕설 예방도 주기적으로 인정하기 스킬을 사용해서 지도합니다.

학교에는 수많은 CCTV와 다른 선생님들, 직원들, 그리고 학생들이 있다고 했습니다. 그리고 이번 주에 우리 반 학생들이 쌍욕을 하고 놀았다는 제보를 받았습니다. 이미 누가 욕을 했는지도 정확하게 선생님은 알고 있습니다.

하지만 선생님은 용기 있게 인정하는 기회를 주고 싶습니다. 선생님은 욕하는 것 정도는 충분히 이해해줄 수 있는 선생님이며 인정한다면 계속해서 고칠 수 있도록 친절하게 도와줄 것입니다. 이번 주에 한 번이라도 욕을 했다. 용기 있게, 손!

좋습니다. 선생님이 말했듯 욕을 안 할 수 없다면 최소한 남이 들을 수 있는 공공장소에서는 하지 않는 것이 남에게 피해 주지 않는 최소한의 예의라고 했습니다. 그 누구도 남에게 피해 줄 자격이란 없습니다. 용기 있게 인정했기 때문에 여기서 지도는 끝내겠지만 선생님도 인내심의 한계는 분명히 있습니다. 실수야 할 수 있겠지만 조금도 노력하는 모습이 보이지 않는다면 더 강하게 지도할 수 있음을 명심하세요.

이번 사례 역시 실화이며 실제로는 누가 정확하게 욕을 했는지 모르는 상황에서(심지어 우리 반 학생인지도 모르는 상황) 욕설 지도를 할 겸 했던 멘트였습니다. 놀랐던 것은 약 12명이 일어났고, 그중에는 욕을 전혀 할 것 같지 않은 학생들도 있었습니다. 학기 초에는 대부분의 학생이 선생님 앞에서 본성을 숨기기 마련이기 때문에, 이런 기회를 통해 학생들을 더 빠르고 정확하게 파악할 수 있습니다. 또한, 학생들에게 경각심을 심어 주는 효과적인 방법이기도 합니다.

### ⑥ 고자질 예방

습관적으로 친구의 장난을 선생님께 이르며 고자질하거나 선생님을 대신 복수해 주는 존재로 여기는 학생들이 있을 때 전체에게 다음과 같은 멘트를 합니다.

선생님은 여러분들의 바른 성장을 돕고자 국가에서 고용한 사람입니다. 그리고 교육이라는 막중한 책임을 다하기 위해 이 자리에 서 있습니다. 그런데 마치 선생님이 여러분들을 혼내는 사람, 복수해주는 나쁜 사람으로 착각하고 사사건건 다른 아이들의 잘못을 고자질하는 학생들이 있습니다.

선생님은 그런 고자질을 습관적으로 하는 학생들을 오히려 지도합니다. 학교에서의 모든 상황은 이미 선생님이 책임지고 지도하고 있으며 여러분들이 고자질하는 것은 그런 선생님의 역할에 선을 넘는 것이기 때문입니다. 여러분은 자신이 지켜야 할 일에만 신경 쓰면 되고, 남이 잘못하면 '나는 저런 행동하지 말아야지.' 하며 스스로 배우면 되는 것입니다.

여러분처럼 훌륭한 학생들이라면 앞으로 그런 선을 쉽게 넘는 무례한 행동을 하지 않겠죠? 습관적으로 고자질하며 선생님의 역할을 넘보는 것이야말로 더 큰 잘못이라는 점을 명심하세요. 혹시 실수로 고자질을 했더라도 선생님이 "선."이라고 말하면 바로 인정하고 돌아가면 되겠습니다.

앞서 버스 기사 사례에서 언급했듯이, 선을 넘는 말에 대해서는 학생들에게 한 번 구체적으로 설명하고 약속을 한 뒤, "선." 한마디로 교육하고 예방할 수 있습니다. 그리고 이 '선'이라는 것은 선생님이 느끼기에 영역을 침범하거나 불편하게 여겨지는 모든 말이 포함될 수 있습니다. 따라서 제가 예로 들지 않은 말이라도 그런 느낌이 든다면, "선."이라는 한마디로 교육하면 되겠습니다.

## ③ 상황별 개인 지도 멘트

 개인 지도 멘트는 민감한 문제로 따로 학생을 불러 이야기할 때 주로 활용합니다. 우선 저는 개인 지도하는 상황을 '산책 지도'라고 표현합니다. 보통 민감한 문제는 다른 학생들이 없는 장소에서 해야 합니다. 산책 지도란 어딘가 학생을 세워 놓고 말하는 것이 아니라 일정 장소까지 걸어가면서 대화하며 지도하는 것입니다. 또 산책하는 느낌으로 마음을 편하게 먹고 지도한다는 뜻도 내포합니다.

 어차피 문제 학생은 혼나는 것에 내성이 있으므로, 쉽게 고쳐질 문제가 아니라면, 다그치기보다 인생의 멘토처럼 조언을 해주는 방식이 더 효과적일 수 있습니다. 이렇게 하면 학생도 부담 없이 대화를 받아들이고, 교사 역시 불필요한 감정 소모를 줄일 수 있습니다. 특히 학생 입장에서, 늘 잘못을 지적하고 화내는 어른들과는 다르게 여유로운 태도로 인생 조언을 해주는 선생님은 특별하게 느껴질 수 있습니다. 이런 방식은 학생을 선생님의 편으로 만들고, 부정적인 에너지를 소모하지 않으면서도 빠른 변화를 기대할 수 있는 장점이 있습니다.

 게다가 이 방법은 교사의 정신 건강을 지키는 데도 도움이 됩니다. 결국 교사가 지쳐버리면 학급 전체에도 영향을 미칠 수 있으므로 산책 지도는 반 전체를 위해서도 바람직한 일이 됩니다.

 일상 멘트나 주기적 멘트와 다르게 개인 지도 멘트는 공감-신뢰 확인-

걱정-응원의 흐름으로 이야기합니다.

### ① 습관적 폭력 지도

| | |
|---|---|
| 공감 | 선생님도 어릴 때 화가 나면 나도 모르게 주먹이 나가고 싸우고 그랬어. 그래서 ○○이 마음 너무 잘 이해하고 있고 혼낼 마음 전혀 없어. 우선 진정해 보자. |
| 신뢰<br>확인 | 선생님은 ○○이가 평소 너무 좋은 학생이라 생각하고 ○○이랑 잘 생활하고 싶은데, ○○이도 그런 마음 맞지? 대답해 봐. 맞지? 근데 ○○이 마음처럼 잘되지 않고 나도 모르게 주먹이 나간 거지? 선생님은 그렇게 믿고 있는데. 일부러 누굴 때리는 게 아니고 |
| 걱정 | 선생님은 ○○이 혼낼 생각 전혀 없어. 다만 이렇게 누군가를 때리는 습관이 만들어지면 누구보다 ○○이가 어른이 되어 큰 피해를 볼 수 있어 걱정돼. 누구를 때리면 가장 피해 보는 사람은 다름 아닌 ○○이야. 인생을 망칠 수 있거든. 알고 있지? |
| 응원 | 선생님은 평소 ○○이가 너무 훌륭한 학생이라 생각하고, 딱 이 하나만 고쳤으면 좋겠지만 한 번에 안 고쳐지라는 것 또한 선생님도 너무 잘 알아. 그러니 같이 조금씩 노력하고 고쳐 보자. 선생님이 이렇게 계속 친절하게 도와줄 거야. 할 수 있겠니? |

개인 지도 멘트 중 첫 번째인 공감 단계에서 '그렇구나.' 정도가 아니라 '선생님도 그런 적 있다.'라고 말한 것은 완전히 너와 내가 한 편이라는 인식을 주기 위함입니다. 실제로 교장 선생님에게 실내화 가방을 던져버린 문제 학생과 이야기할 때도 첫 시작은 "와, 너무 신기하다. 선생님도 어릴 때 교감 선생님께 화가 나서 실내화 가방을 던진 적이 있어."라며 공감 작전을 펼쳤습니다. 그런 적이 없는데도 말이죠. 참고로 그 학생은 전교에서 가장 유명한 아이였고, 처음 지도할 때에는 많이 힘들었습니다. 결국 참지 못하고 혼을 내기도 했지만, 끝까지 '한 편'이라는 전략을 유지하며 좋은 관계로 마무리할 수 있었습니다. 2학기 때가 되자, 1학기와 비교할 수 없을 정도로 많이 달라졌습니다. 그리고 4학년이 되면서는 누가 봐도 평범한 학

생이 되었습니다.

이 과정에서 가져야 할 마음가짐은 '내가 잘해서 그렇게 변한 것'이라고 1%도 생각하지 않는다는 것입니다. 앞서 말씀드렸듯이, 단 1년 만에 누군가를 변화시킬 수 있다고 믿는 것은 오만한 생각입니다. 부정적인 영향을 주기보다는 공감하며 내 편으로 만들었기에 변화의 속도를 조금 앞당겼다고 생각할 뿐입니다.

두 번째 신뢰 확인 단계에서는 학생에게 선생님과 좋은 관계임을 확인시키며 공감한다는 취지의 말을 주로 합니다. 학생이 오해받거나 미움받는 것이 아니라, 여전히 신뢰받고 있다는 점을 확인시켜 주는 것입니다.

세 번째 걱정 단계에서는, 이 잘못이 너의 인생에 안 좋은 영향을 끼칠 수 있고 때론 너의 가족까지도 피해를 볼 수 있다는 점을 말하며 걱정해 주는 단계입니다. 너의 행동이 잘못되었다는 관점이 아닌 이 행동으로 결국 너에게 가장 큰 피해가 돌아온다는 것을 알려주는 것입니다.

마지막 네 번째 단계인 응원은 잘못된 행동은 한 번에 고칠 수 없다는 것을 선생님도 잘 알고 있고, 그렇기에 앞으로 또 잘못할 수 있겠지만 선생님은 끝까지 응원할 것이라는 점, 단, 선생님도 인내하고 기다려주는 만큼 너도 지금보다는 조금 더 노력하자는 취지로 말하며 대화를 끝냅니다.

위의 흐름에서 보듯이 이 친구의 마음을 읽어주기보다 앞으로 인생을 잘 살기 위한 멘토의 느낌으로 제가 주도해서 이야기하는 것이며 제가 주로 확인하는 것은 선생님과의 신뢰, 그리고 변화할 의지, 두 가지입니다.

### ② 습관적 변명("○○이가 먼저 기분 나쁘게 해서") 지도

아래는 누군가 먼저 놀리거나 자극해서 폭력을 저지른 학생의 상황이며, 다음과 같이 개인 지도를 합니다.

> 그래, 선생님도 네 입장이었으면 진짜 기분 나빴을 것 같아. 사실 어릴 때는 선생님도 화가 나면 바로 주먹이 나가곤 했어. 선생님도 그런 적이 있었어. 그런데 봐봐, 지금은 그렇지 않잖아? 잘 컸지? 늘 말했지만, 선생님의 존재는 ○○이를 혼내려고 교실에 있는 사람이 아니고 도와주려고 있는 사람이야. 선생님이 평소에 ○○이 많이 도와주려고 노력하지? ○○이도 선생님 싫은 것은 아니잖아? 근데 아무리 기분 나빠도 그걸 폭력으로 해결한 순간, 그 애 잘못보다 ○○이 잘못이 훨씬 커져. ○○이 인생을 위해서라도 절대 주먹으로 해결하면 안 돼. 한순간에 모든 것이 무너질 수 있어. 알겠지? 아무리 기분 나빠도 폭력은 위험해. 그럴 때는 차라리 선생님에게 와서 바로 얘기하는 것이 더 좋아.
>
> 오늘 일은 이미 일어난 일이니 선생님이 빠른 해결을 위해 도와줄 거야. 우선 그 애한테 가서 진심으로 사과해서 기분을 풀어주는 것이 순서야. 그렇지 않으면 선생님 선에서 해결 못 해주고 부모님까지 오셔야 할 정도로 일이 커질 수 있어. ○○이가 억울한 부분은 먼저 때린 것에 대해 사과한 다음에 선생님이 그 친구한테 충분히 이야기하고 확실하게 지도하여 바로잡을 거야. 선생님 믿지? 그럼 용기 있게 같이 사과하러 가자. 출발!

### ③ 습관적 성희롱 발언 지도

장난으로 성적인 농담을 하는 학생의 경우 바로 불러 다음과 같이 이야기합니다.

> 선생님도 어릴 때 잘 몰라서 성적인 농담을 아무렇지 않게 한 적 있었어. 그리고 주변에도 그런 친구들도 많았고. 그래서 네가 나쁜 마음으로 그런 게 아니라는 걸 선생님이 누구보다 잘 알아. 게다가 한 번의 실수로 평소에 열심히 생활하는 ○○이를 혼낼 생각은 전혀 없어. 오히려 네가 문제에 휘말리지 않고 잘되길 바라는 마음이야. 너도 선생님의 마음을 이해할 거라고 생각해. 그렇지? 이 일을 크게 만들고 싶은 건 아니지?
>
> 하지만 성적인 농담은 요즘 사회에서 굉장히 위험한 행동이야. 상대가 남자든 여자든 상관없이, 이런 말 한마디로 인해 인생이 크게 흔들릴 수도 있고, 심하면 가족까지 피해를 받을 수도 있어. 그래서 절대 가볍게 여겨선 안 되는 행동이야. 네가 이게 습관이 되면 나중에 고치기가 정말 어려울 수도 있어. 선생님이 이 말을 하는 건, 네 인생을 위해서야. 그건 알지?
>
> 선생님도 어릴 때는 이런 행동이 얼마나 위험한지 몰랐던 것처럼, 너도 이번에 잘 몰라서 그랬을 거라고 믿어. 그런데 이제 네 인생에 큰 위험이 될 수 있다는 걸 알았으니까, 앞으로는 안 그럴 수 있겠지? 선생님은 ○○ 멋지게 인생을 살아가길 바라고, 앞으로도 계속 지지하고 응원할 거야.

'아이스께끼'라는 놀이가 있습니다. "아이스께끼!" 하면서 여학생들 치마를 올리는 장난이었는데, 지금 생각해 보면 정말 말도 안 되는 행동이었죠. 그때는 그런 행동에 대해 아무런 죄의식이 없었고, 어른들조차도 단순히 "그러지 마라." 정도로만 말했을 뿐, 심하게 혼내지는 않았어요. 아마도 당시에는 그 행동이 죄가 된다는 인식 자체가 부족했기 때문이겠죠. 하지만 지금은 그런 행동을 하는 학생들이 거의 없습니다. 왜냐하면, 이제는 모두가 그 행동이 명백한 성추행이며, 범죄라는 사실을 알고 있기 때문입니다.

이 예를 든 것은 학생들이 아직 상대방의 아픔을 예상하고 공감할 만큼 성숙하지는 못한 면이 있다는 점을 짚고 싶어서입니다. "그런 행동을 하면 상대방이 마음이 아파." 또는 "그 친구가 상처받잖아." 같은 설명은 학생들에게 크게 와닿지 않을 수 있습니다. 그보다는 이 행동이 범죄로 간주될 수 있으며, 결국 너의 인생에 큰 피해를 주고, 가족까지도 힘들어질 수 있다는 점을 걱정하듯이 말을 했을 때 더 확실하게 이해시킬 수 있다는 것입니다.

### ④ 말대꾸(반항 말투) 지도

평소 반항기가 있는 학생이 수업 중 말대꾸를 하거나 반항적인 말투를 보일 때, 즉각적으로 대응하는 것은 지양해야 합니다. 물론 강한 카리스마를 가진 선생님이라면 단번에 제압할 수도 있겠지만, 그렇지 않은 경우에는 오히려 불필요한 말싸움으로 번질 위험이 있습니다. 서로 굽히지 않고 계속 말을 주고받다 보면, 결국 그 학생의 기와 존재감만 키워줄 뿐, 선생님은 얻을 것이 전혀 없는 싸움이 됩니다. 따라서 말대꾸나 반항하는 말투를 맞닥트렸을 땐 즉시 대응하기보다 우선 넘기는 것이 현명합니다. 그리고 쉬는 시간이 되면 해당 학생에게 산책 지도를 합니다.

> 선생님도 어릴 때 어른들한테 반항하거나 말대꾸한 적 많은데 ○○이도 그런 시기인 것 같다. 누구나 어릴 때 겪는 일이기 때문에 선생님은 충분히 이해하고 있어. 혹시 선생님이 싫거나 싸우고 싶어서 그런 말투 쓰는 건 아니지? 나도 모르게 자꾸 그런 말투가 나오는 것 맞지? 선생님도 어릴 때 그랬거든. ○○이는 어떤 것 같아? 근데 계속 그렇게 퉁명스러운 말투로 선생님을 대하면 선생님도 사람인지라 기분 나쁘고 오해할 수밖에 없어. 그럼 선생님도 ○○이 대할 때 까칠해질 수 있는데 우리가 서로 그렇게 나쁜 사이가 될 필요 없잖아? 누구에게도 손해인데 왜 그래야겠어? 지금과 똑같은 말투보다는 조금씩 노력하는 모습을 보여줘야 할 것 같아. 좀 더 부드럽게 말할 수 있지? 선생님도 ○○이를 더 이해하고 잘하려고 노력할게. ○○이도 조금만 더 조심해 보자. OK?

이런 학생들은 소위 반에서 가장 기가 센 학생일 가능성이 크기 때문에 누르기보다는 내 편을 만드는 전략을 쓰는 것이 좋습니다. 보통 다른 학생들이 보는 앞에서 수업 방해에 대해 지적을 하면 반항하는 말투를 쓰기 마련이므로, 바로 대응하기보다 쉬는 시간에 따로 불러 다음과 같이 얘기합니다.

○○아, 요즘 무슨 고민이 있거나 힘든 일 있어? 선생님이 보기에 ○○이는 뭐든지 잘하고 인기도 많고 참 멋지다고 생각하거든. 선생님이 ○○이를 가장 믿고 있는 것 알고 있어? 근데 요즘 ○○이가 워낙 인기가 많다 보니까, ○○이가 수업 시간에 장난을 치거나 방해하는 행동을 하면 다른 친구들도 따라 하더라고. 그래서 선생님이 좀 수업하기 힘든데, 선생님 힘들게 하려고 그러는 것 아니지? 초등학교는 헌법에서 보장하는 의무교육이야. 그렇기 때문에, 만약 누군가 수업을 방해해서 다른 학생들에게 피해를 주면, 이건 단순한 장난이 아니라 더 큰 문제가 될 수도 있어. 요즘 세상은 이런 일이 커지면 유튜브나 뉴스까지 나올 정도로 상황이 심각해져. 그런 일까지 원하는 것은 아니지? 말했지만 선생님은 너를 우리 반에서 가장 멋지다고 생각하고 그래서 아주 신뢰하고 있어. 친구들도 널 좋아하니까 네 행동을 따라 하는데 ○○이가 조금만 더 행동을 조심하면 선생님도 더욱 너를 믿을 수 있을 것 같은데. 선생님은 한 번 믿으면 끝까지 믿는 성격이니 우리 잘해 보자. 오케이?

물론 수업 방해가 한 번에 없어지지는 않겠지만 계속해서 같은 편을 만들기 위한 산책 지도를 하다 보면 어느샌가 한번 쳐다보는 것만으로도 그 행동을 멈추게 만드는 때가 옵니다. 그때 크게 칭찬을 하며 띄워주면 확실하게 내 편을 만들 수 있게 됩니다.

### ⑤ 여학생 무리 관계 지도

경험상 여학생 무리 관계는 '어차피 해결해도 또 갈라질 것'이라는 마음가짐으로 지도하며, 너무 부정적인 에너지를 쏟을 필요 없습니다. 그보다는 이 학생들에게 신뢰를 주며 편안하게 말을 들어주는 것이 중요합니다. 시간은 쉬는 시간 10분 이내가 좋습니다. 보통 4~5명의 무리 중 2명이 대립하고 있고 나머지는 끼어 있으므로, 가장 성격 좋거나 말을 잘하는 학생을 구슬려놓습니다.

> ○○아, 선생님은 너만 믿고 있어. 어차피 그 애들은 부딪히는 성격이라 또 싸울 수 있어. 그때 ○○이가 양쪽 다 잘 챙겨야 해. 한쪽만 챙기면 심할 경우 학교폭력 사건으로 번질 수도 있어. 선생님이 보기에 ○○이가 가장 성격도 좋고 현명하니까 앞으로 또 문제가 생기면 선생님한테 와서 어떤 일인지 객관적으로 말해줄 수 있겠어?

예상대로 금방 또 무리가 갈라지는 사건이 벌어집니다. 우선 구슬려놓은 학생을 불러 상황을 어느 정도 파악하고 싸움 당사자인 A와 B를 각각 불러냅니다. 이때, 이미 사건의 개요를 파악했기 때문에 학생들에게 장황한 설명을 듣는 것보다 '선생님이 이해한 내용이 맞는지' 정도만 확인한 후 빠르게 다음 단계로 넘어가는 것이 좋습니다. 다음 단계에서는 각자가 상대에게 가장 기분 나빴던 한 가지와 내가 상대에게 가장 잘못한 한 가지를 이야기하도록 합니다. 그런 다음, 개별적으로 다시 한 명씩 부릅니다.

"상대는 그것에 대해 사과할 마음 있고 화해할 마음 있는데 너도 그럴 수 있니?"라고 물어봅니다. (사실 둘 다 그런 얘기를 한 적은 없는 상황) 만약 이 단계에서 둘 다 긍정적으로 답하면 서로 미안한 점을 이야기하고 사과시키면서 빠른 해결이 가능합니다. 그러나 둘 중 한 명이 그럴 마음이 없다고 답한다면 억지로 사과시키지 않습니다.

> 세상에 모든 사람과 성격이 다 맞을 수는 없어. 당연히 자주 부딪히는 성격도 있는 법이야. 너희도 원래 친했지만, 요즘 자주 다투는 만큼 당분간은 서로 조금 거리를 두는 게 좋겠어. 가장 중요한 건, 그동안 서운했던 감정이 있더라도 서로에 대한 뒷담화를 하거나, 째려보는 등 상대를 기분 나쁘게 하는 행동을 하지 않는 것이야. 그런 행동을 하면 오히려 상황이 더 나빠질 수 있어. 지금은 선생님이 너희를 위해 도와주고 있지만, 만약 그런 행동이 계속된다면 더 심각한 문제가 될 수도 있어. 무슨 말인지 알겠지?

그리고 나머지 학생들도 불러 다음과 같이 이야기합니다.

> 선생님이 노력해서 잘 안됐으니 이제는 너희가 역할을 해 줘야 할 때야. 두 친구가 화해할 수 있도록 노력해 보고, 당분간은 공평하게 어울리는 것이 좋아. 예를 들어, 1교시에는 A와 대화하고, 2교시에는 B와 대화하는 식으로 균형을 맞춰 보는 거야. 만약 한쪽하고만 어울리려고 하면, 자칫 왕따나 은따 같은 오해를 불러일으킬 수도 있어. 조심하는 것이 좋겠지?

때로는 강하게 경고도 합니다.

만약 A와 B가 이번 주 내로 다시 화해하지 않거나 더 큰 싸움으로 번진다면 너희 전체 무리가 가까이하지 못하게 선생님이 막을 수도 있어. 그러니 최선을 다해 보자. 선생님도 노력할게.

여학생 무리 관계는 교사가 아무리 애써도 완벽하게 해결되지 않는 경우가 대부분이었습니다. 때로는 교사가 개입하지 않아도 언제 그랬냐는 듯 다시 친해지기도 하고, 반대로 어느 순간 보면 이미 한참 동안 말을 하지 않는 상태가 되어 있기도 하죠. 그래서 억지로 해결하려 하기보다는 문제가 생길 때 언제든 든든하게 기댈 수 있는 버팀목이 되어 준다는 마음가짐으로 접근하는 것이 더 효과적입니다. 그리고 이런 갈등은 언제든 다시 반복될 수 있다는 점을 미리 받아들이고 기대치를 한참 낮추는 것도 마인드 컨트롤에 큰 도움이 됩니다.

### ⑥ 몸 장난 지도

몸 장난은 너무 위험하게 보여 당장 금지해야겠다는 생각이 들다가도 자기들끼리는 너무 즐거워 보여 어떻게 지도할지 난감할 때가 많습니다. 특히 저학년~중학년 남학생들의 대표적인 특성이기도 한 몸 장난은, 이를 완전히 막으려고 하면 1년 내내 부정적인 에너지를 쏟아야 하므로 조건부 허락으로 지도하는 게 좋습니다.

어릴 때 선생님도 진짜 친구들이랑 몸싸움하며 많이 놀았어. 너희들 볼 때마다 선생님도 어릴 때 생각이 많이 나. 그렇게 노는 거 재미있지? 기분 나쁜 것도 없고? 그래서 선생님도 너희들 몸싸움하고 놀 때 웬만하면 허용해 주려고 노력 중이야. 어떤 선생님은 완전히 몸 장난을 금지하기도 하지만 선생님은 그렇지 않아. 그런데 만약 장난이 심해져서 누군가 다치게 된다면, 그때는 선생님도 어쩔 수 없이 몸 장난을 완전히 금지할 수밖에 없어. 그렇게 되면 쉬는 시간에 심심해질 수도 있고, 다른 친구들에게 눈치도 보일 수 있겠지. 무엇보다, 너희가 다치면 가장 걱정하는 사람이 누구일까? 그래, 바로 부모님이야. 부모님이 정말 슬퍼하실 거야. 앞으로도 선생님은 몸 장난을 완전히 금지하지 않을 거야. 단! 이 세 가지만 하지 않겠다고 약속하면 계속 허용할게. '세게 때리기, 몸을 누르기, 중요한 곳을 만지기'.
선생님이 말한 세 가지가 뭐라고 했지? 만약 선생님이 말한 세 가지 약속을 지키지 않다가 누군가 다치게 된다면, 그때는 몸 장난을 완전히 금지할 수밖에 없어. 심지어 서로 가까이 가지지도 못하게 할 수도 있어. 그럼 너희도 재미없고, 선생님도 안타깝겠지? 그러니까 이 세 가지는 꼭 지킨다는 마음으로 놀아야 해. 할 수 있겠어?

이 세 가지 약속은 쉬는 시간에 문득 되물어보는 방식으로 자연스럽게 반복해서 학생들에게 인식시킵니다. 그 외의 상황에서는 살짝 위험해 보여도 지나치게 개입하지 않고, 어느 정도 무시하는 편입니다. 어차피 몸 장난을 완벽하게 막을 수 없다면, 가장 중요한 것은 최악의 사고만큼은 예방하는 것입니다. 그리고 조건부 허락을 통해 학생들이 스스로 책임을 지게 하는 것이 핵심입니다. 규칙을 지키지 않으면 자유를 잃게 된다는 점을 인식하게 하면, 오히려 학생들이 더 조심하게 되고 자율적인 통제 능력도 키울 수 있습니다. 만약 놀다가 싸움이 잦은 경우는 아래와 같이 경고성 멘트를 합니다.

> 둘이 좋아서 놀다가 한쪽이 기분 나빠서 이르는 것은 절대 들어주지 않겠다. 그런 일이 벌어지면 무조건 둘 다 혼나고 몸 장난도 금지할 것이다. 그러니 놀다가 기분 나빠도 둘이 잘 해결하려고 노력해라. 그렇지 않으면 허락 자체를 안 할 것이다. 알겠니?

### ⑦ 습관성 지각 지도

지각은 가정의 영역입니다. 선생님께서 통제할 수 없는 영역으로 부정적인 감정을 담을 필요가 없다는 뜻입니다. 어떻게 하면 지각을 안 할지 조언하는 것으로 충분합니다.

> 선생님도 가끔 지각할 때가 있어. 어릴 땐 더 심했었고. 그래서 ○○이가 지각하는 것을 충분히 이해하고 있어. 그래도 선생님의 역할이 있으니까 ○○이가 지각할 때마다 지금처럼 복도에서 지도할 수밖에 없는 점 이해하지? 그리고 ○○이도 일부러 계속 지각하는 건 아닐 거야. 그렇지? 사실 네가 지각한다고 남에게 피해 주는 것은 없어. 다만 너 자신의 인생에 큰 피해를 주는 걸 알아야 해. 공부를 잘하거나 능력이 뛰어난 사람이라도 시간을 지키지 않으면 신뢰를 잃게 되고, 결국 다른 사람들에게 피해를 주는 사람이 될 수 있어. 좋은 직장을 다녀도 시간 약속을 지키지 않으면 결국

신뢰를 잃고 해고당할 수도 있고. 그래서 초등학교 때부터 우리는 인생에서 가장 중요한 시간 약속을 지키는 법을 매일매일 연습하고 있다고 생각하면 돼. 어떤 일이 있어도 늦지 않는 습관을 만드는 거지.

🧑 부모님이 안 깨워 주셨어? 하지만 앞으로는 네 인생을 스스로 책임져야 해. 부모님이 도와주시든 안 도와주시든, 네가 스스로 노력해야 하는 문제야. 일단 알람 몇 개 맞춰? 선생님은 5개나 맞춰. 그래서 운전해서 30분이나 걸리는 거리를 늦지 않고 올 수 있어. 지금 핸드폰 켜서 알람부터 설정해 보자. 앞으로도 늦더라도 선생님이 잘 도와줄게. 노력할 수 있지? 누구를 위해서다? 그래. 바로 너의 인생을 위해서야.

사실 1년 내내 지각해도 전혀 고쳐지지 않은 학생도 있었습니다. 9시 10분이 돼서야 들어오고, 때로는 9시 50분이 넘어서 오는 경우도 많았어요. 학부모와 연락해도 별다른 변화가 없었고, 가정의 협조가 없으니 제가 어떤 방법을 써도 해결할 수 없는 문제였죠.

하지만 꾸준히 지도는 하되, 이 문제가 통제할 수 없는 영역이라는 점을 분명히 인식하고, 선을 그으면 부정적인 에너지를 소모하거나 스트레스를 받지 않을 것입니다. 덕분에 이 학생과도 지각 문제를 제외하면 학교에서 매우 좋은 관계를 유지할 수 있었습니다. 만약 아침마다 지각 문제로 계속해서 감정적으로 대응했다면, 이 학생과의 관계도 무너지고, 제 삶도 피곤해졌을 것입니다. 나아가, 나머지 학생들에게도 좋지 않은 영향을 주었을 가능성이 큽니다.

이 경험을 통해, 교사는 통제할 수 없는 영역에 대한 확실한 분리가 중요하다는 것을 다시 한번 깨닫게 되었습니다. 교사가 해결할 수 없는 문제에 불필요한 감정을 소모하기보다는, 학생과의 관계를 지키면서도 지도할 수 있는 부분에 집중하는 것이 더 현명한 선택입니다.

# CHAPTER 4.

# 교사에게 가장 어려운 빼기

# 그래도 버틸 수 있는 교직의 장점

요즘 교직 분위기가 좋지 않다 보니, 이 직업의 단점만 부각되는 요즘입니다. 특히 경력이 부족한 선생님들의 이탈이 눈에 띄게 늘어나고 있습니다. 하지만 이 책을 읽고 계신 선생님들은, 자의든 타의든 교직에 끝까지 남고자 하는 분들이시겠죠? 물론 교직은 단점도 크지만, 다른 직종에서는 쉽게 경험할 수 없는 장점이 많은 직업입니다. 앞으로 힘들 때마다 이 페이지를 펼쳐 놓으면 어느 정도 정신 수양을 할 수 있지 않을까 기대해 봅니다.

① 방학(수업을 위한 깊은 성찰과 재충전의 시간)
② 학생들이 가면 넓은 사무실 혼자 쓰기.

③ 학생들을 가르치는 동안 갑질 없음(을질이 있을 수 있다는 건 함정).
④ 그래도 예쁜 아이들을 보면 힐링할 수 있으며, 내 이야기를 언제나 집중해서 들어줄 사람이 있음.
⑤ 결재 없이 내가 하고 싶은 방식의 수업이 가능
⑥ 4시 반 퇴근(대신 급식 지도로 밥이 코로 넘어감)
⑦ 자체 에너지 조절 가능. 컨디션이 안 좋은 날은 학생 주도적 활동으로 강약 조절 가능
⑧ 1년 일정이 예측됨.
⑨ 아무 조건 없이 사랑받을 기회 많음.
⑩ 퇴직 시 4급 말호봉 달성(경찰로 치면 서장급) * 임용 기준 사무관 이하 공무원 중 최강 급여
⑪ 다정하고 친절한 수준 높은 동료 교사들
⑫ 육아휴직과 복직에 대한 염려 없이 할 수 있는 직업
⑬ 마음에 안 드는 동료를 만나도 몇 년 후 근무지를 옮기면 됨.

그렇다고 이런 장점들이 있으니 교직에 안주하자는 뜻은 아닙니다. 저는 4개 교원단체를 2년 이상 유지하며 월회비를 내고 있으며 교사 커뮤니티인 인디스쿨에도 매달 3만 원 이상씩 4년 넘게 정기후원하고 있습니다. 유튜브, 인스타그램, 블로그 등의 커뮤니티를 활용하여 교권 관련 목소리도 자주 내려고 노력하고 있습니다.

할 수 있는 노력은 최대한 기울이며 교직을 개선하고자 노력하지만, 지

금 당장 아이들을 가르칠 때는 최대한 긍정적인 생각을 하는 것이 교사나 학생들을 위해 필요한 일이겠죠. 괜히 부정적인 생각만 하면서 자신의 삶을 어둡게 만들기보다는 빛을 밝히기 위해 긍정적인 에너지를 모으는 것이 더 현명하리라 생각합니다.

# 02
# 교사에게 가장 어려운 것은 '빼기'

경력이 쌓일수록 교사에게 꼭 필요한 소양을 꼽자면, '에너지의 선택과 집중'입니다. 교직은 1년이라는 장기 레이스를 매년 반복하는 직업입니다. 그러므로 너무 많은 것에 에너지를 쏟다 보면 중간도 못 가서 흐지부지되거나, 겨우 버티다가 파김치가 된 채로 방학을 맞이하는 경우가 많습니다. 심한 경우, 병가를 내야 하는 상황까지 갈 수도 있죠. 따라서, 모든 것을 다 잘하려는 욕심보다, 꼭 필요한 부분에 에너지를 집중하는 전략이 중요합니다. 한 해를 완주하는 것이 가장 중요하니까요.

에너지의 선택과 집중에서 가장 중요한 것은 바로 '빼기'입니다. 우리 교사들은 더하기에는 매우 능한 열정적이고 우수한 집단이지만 빼기는 참 어려워합니다. 매년 쌓여만 가는 교실 짐만 봐도 그것을 잘 알 수 있습니다.

앞에서 미니멀한 학급경영을 추구한다고 했습니다. 교실 이사를 할 때도 짐이 한 박스면 충분할 정도이니까요. 학급경영 방식도 마찬가지로 불필요한 요소를 줄이고 핵심에 집중하는 방식을 따릅니다. 그래서 단 4가지 원칙만으로도 학급을 효과적으로 운영하고 있습니다. 이런 방식에 도달하기까지는 수많은 시행착오가 있었습니다. 처음에는 남들이 하는 걸 다 따라 하며 학급 운영에 다양한 것들을 시도했지만, 시간이 지나면서 진짜 필요한 것이 무엇인지 다시 따져보게 되었습니다.

교직 생활을 돌아보면, 처음 12년은 남들 다하는 것을 시도하며 '맥시멀'하게 보냈습니다. 그러나 이후 6년은 하나둘씩 불필요한 것들을 제거하며 '빼기'에 집중하는 과정이었다고 요약할 수 있습니다.

'미니멀하다'는 것이 남들보다 덜 한다는 뜻은 아닙니다. 오히려 불필요한 것들을 덜어내면, 정말 중요한 곳에 더 많은 에너지를 집중할 수 있습니다. 즉, '덜 하는 것'이 아니라 '더 중요한 것'에 집중하는 것입니다. 없어도 문제가 없다면 과감하게 없애도 됩니다. 없애서 부족하다면 남은 것 안에서 심도 있게 교육하면 됩니다. 다음은 10년 이상 지속하다가 몇 년 사이 없앤 것들입니다. 이 활동들이 절대 필요 없다는 뜻이 아닙니다. 다만, 선택과 집중의 관점에서 이 활동들이 교사의 에너지에 얼마나 부정적인 영향을 미치는지 한번 따져보는 계기가 되었으면 합니다.

### ① 규칙 만들기

학생에게 스스로 학급의 규칙을 만들게 하는 방식이 오히려 규칙의 힘을 약하게 만든다고 생각합니다. 일반적으로는 "학생들이 직접 만든 규칙이기 때문에 더 잘 지킬 것이다."라고 생각하지만, 저는 반대로 그 권위가 쉽게 흔들릴 수 있다고 우려합니다. 법이라는 것은 오랜 세월 고민하고 연구한 끝에 만들어지는 것이지, 1~2시간 고민해서 만들 수 있는 것이 아니기 때문입니다. 법은 누구나 쉽게 만들 수 있는 것이 아니며, 쉽게 고칠 수도 없어야 권위를 가질 수 있습니다. 그런데 학기 초 단 1시간 만에, 우리 반이 1년 동안 지켜야 할 규칙을 정한다면, 그 규칙은 깊은 고민 없이 만들어진 만큼 권위도 약합니다.

우리는 태어날 때부터 사회가 정한 법을 따라야 하듯이, 학급에서도 처음부터 정해진 기본적인 규칙을 당연히 지키는 것이 중요합니다. 이것이 곧 법치국가에서 살아가는 시민으로서 올바른 자세를 배우는 과정이기도 합니다. 따라서, 기본적인 원칙을 먼저 잘 지키는 것이 우선이며, 자율성은 그 안에서 누릴 수 있어야 합니다. 규칙이란, 반드시 일정한 기준과 원칙이 있어야만 그 힘이 유지될 수 있습니다.

### 2 학급회의

매주 1시간을 학급회의에 투자하지만 다소 뻔한 주제와 결과만 나올 뿐, 들인 노력과 시간에 비해 큰 효과가 없었습니다. 물론 학급회의를 중점 특색으로 한다면 저보다 훨씬 나은 결과를 낼 수도 있겠지만 제 경우는 그랬습니다. 그래서 저는 우리 일상에서 꼭 필요한 경우, 예를 들면 학생들이 어떤 규칙에 대해 의문을 제시하거나 건의사항이 있을 때만 종종 학급회의를 하고 이것도 짧고 간결하게 의견을 나누고 끝내는 편입니다.

사실 국어 교과서만 봐도 토의와 토론을 다루는 차시가 많고, 도덕이나 사회 과목에서도 토론 과정이 이미 충분히 포함되어 있습니다. 따라서 굳이 학급회의를 별도로 정기적으로 운영하지 않아도, 교육과정 내에서 충분히 민주적 의사소통을 경험할 수 있다고 생각합니다.

### ③ 교실 대형

저는 교실 대형을 시험 대형으로 운영합니다. 수업 시간에는 학생들이 칠판과 선생님을 바라보며 수업에 집중하는 것이 최우선입니다. 짝 대형으로 했을 경우 집중이 흐트러지는 것은 당연하기에 방해 요소가 없는 시험 대형이 좋습니다. 만약 짝과 대화하는 활동이 있을 때는 의자만 서로 마주 보게 돌리면 됩니다. 그리고 모둠 활동을 충분히 편성하면 학생들끼리 의견을 나누거나 갈등이 생겼을 때 해결하는 경험도 부족하지 않게 줄 수 있습니다.

만약 짝이 있어야 교우 관계에 도움이 된다고 생각한다면 이전에 가르쳤던 모든 학생이 짝과 친해졌는지를 떠올려보세요. 저는 시험 대형으로도 대부분의 아이들이 서로 지나칠 정도로 관계가 좋은 교실을 매년 만들어 왔습니다. 이는 교실 놀이를 통해 적극적으로 친교 활동을 하며 남에게 피해 주지 않으려고 노력하는 교실, 잘못했을 때 서로 인정을 할 수 있는 교실을 만들었기 때문이지 대형과는 전혀 관계가 없습니다.

교사의 권위가 매우 강했던 8, 90년대 교실을 떠올려볼까요? 짝 대형으로 했기 때문에 교실은 민주적이었고 분위기가 좋았나요? 제가 초등학생이었을 때 경험했던 그 교실보다, 현재 제가 운영하는 시험 대형 교실이 훨씬 더 화목하고 민주적입니다. 학생들은 거리낌 없이 교사와 대화를 나누고, 의견을 편하게 말할 줄 압니다. 결국, 눈에 보이는 '하드웨어(책상 배치)'가 중요한 것이 아니라, 이를 움직이는 '소프트웨어(교실 문화와 운영 방식)'가 더 중요하다는 것입니다.

### 4 숙제와 준비물

요즘 아이들은 예전과 다르게 학교가 끝나면 바로 학원에 가고, 집에 돌아와서도 학원 숙제를 해야 할 정도로 바쁘게 생활합니다. 가끔 아침이나 쉬는 시간에 놀지 않고 밀린 학원 숙제를 하는 학생들을 보면 안쓰러울 정도니까요. 그래서 저는 학교에서 숙제를 내주지 않습니다. 예전에는 저도 숙제를 참 많이 내주는 편이었지만 숙제를 검사하는 과정에서 부정적인 에너지가 과하게 소요되는 면을 느꼈고 특히 숙제를 안 하는 학생과 실랑이를 하는 과정에서 관계가 급속도로 나빠지는 경우가 많았기 때문입니다. 대신 학생들에게 '바쁜 것을 알고 있기에 숙제를 내주지 않을 것이며, 그렇게 배려한 대신 수업시간에 더 집중하고 교과서에 답을 쓸 때만큼은 최선을 다하면 된다'며 밀당합니다.

준비물 역시 잘 안 챙겨오는 학생과 마찰이 심해지는 경우가 많으므로 학교에 있는 학급 교구로 가능한 것들 위주로 활동합니다. 피치 못하게 준비물을 가져오게 해야 하는 경우 넉넉하게 시간을 주고 기한을 딱 맞추지 않는다고 해서 부정적인 피드백을 주지는 않습니다.

### ⑤ 클리어파일

예전에는 수업에 사용한 모든 학습지나 작품들을 클리어파일에 정리하도록 하고, 중간중간 검사를 하며 관리했습니다. 그리고 나중에 1년 동안 모은 파일을 집에 가져가도록 했습니다. 그런데 이것이 정말 의미 있는 활동인지 늘 고민이 되었습니다. 오히려 대표적인 관성에 의한 활동 같았습니다.

수업 중간에 작품이나 학습지를 클리어파일에 넣는다고 소모되는 시간, 열심히 모은 학생에 대해 어떤 보상을 해야 할까 하는 고민, 다 구겨지고 찢어진 너덜너덜한 학습지가 가득한 클리어파일을 보며 또 뭐라고 잔소리해야 할까 하는 고민이 쌓이며 결국 하지 않는 것이 낫다는 결론을 내렸습니다. 다 끝낸 학습지나 작품은 바로 버리거나 집으로 가져가기로 바꿨으며, 뭐든지 과정이 중요하지 결과물이 중요한 것이 아니라는 말도 곁들였습니다.

### ⑥ 일기, 주제 글쓰기

우선 일기는 사생활침해라는 인권위의 권고 기사를 읽은 이후 안 시키게 되었습니다. 주제 글쓰기는 아침 활동과 마찬가지로 검사하고 지적하는 데 부정적 에너지가 소모되는 일이 많아 폐지하였습니다. 사실 글쓰기 교육은 평소 국어 교과서에 한 문장이라도 제대로 쓰게 하는 것으로 충분하다고 생각합니다. 우리나라의 초등 교육과정은 다른 나라에 비해 이미 넘치게 많은 내용을 담고 있으며 이 안의 요소들을 충실히 다 가르치는 것만으로도 벅찰 정도니까요. 역시 학생들에게 따로 글쓰기를 시키지 않을 것이니 지루한 국어 시간이지만 글 쓰는 문제가 나올 때마다 최선을 다해달라고 당부합니다. 그리고 그렇게 쓴 글을 검사하는 것만으로도 국가 교육과정을 최선을 다해 가르친다고 생각합니다.

### ７ 1인 1역

1인 1역 역시 제대로 하지 않거나 깜박하는 학생들을 관리하는 과정에서 많은 부정적인 에너지를 소모할 수밖에 없습니다. 게다가 책임감을 기르는 것이 목적이라면, 학교생활의 모든 부분이 책임감과 관련되므로 1인 1역이 아니어도 대체할 수 있는 것들이 많습니다. 만약 1인 1역의 목적이 청결이라면 주기적으로 짧은 대청소 시간, 자리를 바꾸면서 청소하는 시간, 놀이하기 전 입장료로 청소하는 시간 등으로 충분히 깨끗한 교실 유지가 가능합니다. 분리수거 등 교실 밖을 나가는 것은 일종의 보상개념으로 그때그때 시켜도 할 사람이 많습니다.

만약 교실에서 급식 배식이나 우유 가져오기처럼 매일 누군가는 해야 하는 일이 있을 때, 우선 지원자를 받는 방식을 택합니다. 학생 중에는 이런 역할을 좋아하는 성향을 가진 아이들이 분명히 있기 때문입니다. 하지만 단순히 "하고 싶은 사람?" 하고 묻는 것이 아니라, 명확한 조건을 제시합니다. 1년 동안 이 일을 맡아주면 학기가 끝날 때 간식을 선물할 것이며,

단, 선생님이 따로 말하지 않아도 스스로 알아서 해야 한다, 만약 약속을 지키지 않으면 다른 학생으로 교체될 수 있다고 합니다.

이렇게 역할을 맡으면, 학생들은 자신이 원해서 선택한 만큼 책임감을 가지고 임하게 됩니다. 실제로 매년 이 방식으로 지원자를 받았으며, 단 한 명도 소홀히 해서 탈락한 적이 없었습니다. 학생들 입장에서는 본인의 성향에 맞는 일을 맡았고, 그 역할을 뺏기고 싶지 않기 때문에 자연스럽게 성실하게 수행할 수밖에 없는 구조가 됩니다.

덕분에 저 역시 교실 업무를 돌아가며 배정할 때 생기는 스트레스에서 벗어날 수 있었고, 한 해 동안 수월하게 학급을 운영할 수 있었습니다. 무엇보다, 이런 방식으로 자발적으로 맡은 학생들에게는 고마운 마음이 들 수밖에 없었고, 학기 말에 간식을 넉넉하게 사줄 때에도 전혀 아깝지 않았습니다. (물론, 이렇게 착한 학생들은 대부분 "괜찮아요!" 하며 사양하기도 하지만요.)

### ⑧ 보상 제도

저는 12년간 보상 제도를 운용했습니다. 발표나 심부름, 그 외 정해진 목표를 달성할 경우 스티커를 주었고 일정 개수 이상이 되면 상품을 주기도 하고 때론 주말에 학생들과 영화를 보러 가기도 했었습니다. 그런데 아무리 기준체계에 대해 고민을 해도 늘 보상점수가 높은 학생 중엔 평소 생활 태도가 좋지 않은 학생이 포함되어 있었고 보상 점수는 낮으나 너무나 착하고 성실한 학생들도 있었습니다. 이는 어떤 기준을 적용해도 늘 결과가 같았습니다.

제가 정말 보상해 주고 싶었던 학생들은, 늘 선생님을 잘 따르고, 선하게 생활하는 착한 학생들이었습니다. 하지만 이런 성향의 학생들은 욕심이 없어 적극적으로 참여하지 않는 경우가 많았고, 반면, 문제 행동을 자주 하지만 욕심이 많은 학생들이 스티커를 독식하는 경우가 많았습니다. 심지어 이런 학생들은 가끔 보상에서 제외되기라도 하면 불만을 터뜨리며 문제를 일으키기도 했습니다. 결국, 어느 날 과감하게 보상 제도를 없애 버리기로 결심했습니다.

보상 제도를 없애고 나서 깨달은 것은, 보상을 주지 않아도 열심히 하는 학생들은 여전히 열심히 한다는 것, 보상을 준다고 해도, 열심히 하지 않는 학생들은 크게 달라지지 않는다는 것이었으며 4가지 원칙을 일관적으로 강조하는 것이 보상보다 더 큰 효과가 있었다는 점입니다.

### 9 수익 검사

저는 수학익힘책을 수학 시간마다 풀게 하지 않고, 일주일에 한 시간을 따로 편성합니다. 주당 수학 시수가 4시간이라면 3시간은 수학 교과서 진도를 나가고 1시간은 수학익힘책을 풀게 한다는 말입니다. 그 이유는 수학 시간에 수업 놀이를 포함한 다양한 활동을 하기 위함이었는데 실제로 그렇게 운영하니, 생각하지도 못했던 다른 장점들도 많이 발견했습니다.

처음에는 진도가 느려질까 봐 걱정도 했습니다. 일주일에 4차시인데 3차시만 진도를 나가면 당연히 느려집니다. 그러나 수업 내용에 따라 교과서만 풀 때 20분도 안 걸리는 차시가 많았고, 이럴 때 두 차시를 묶어서 진행하면 충분히 균형을 맞출 수 있었습니다. 사실 교과서의 문제 수가 적기 때문에 대부분의 차시가 익힘책을 풀지 않으면 두 차시까지 가능합니다. 그럼 일주일에 3~4차시의 진도를 나간 후 금요일 한 시간 동안 진도를 나간 곳까지 익힘책을 해결하는 방식이니 배웠던 것을 그냥 지나가지 않고 다시 복습하게 되는 장점이 있습니다.

저는 또한 익힘책은 스스로 공부하는 법을 배우는 시간이라고 교육합니다. 저도 어릴 적 학원에 의존하기보다는 문제집을 스스로 풀고 모르는 것은 뒤에 있는 해설집을 읽으며 이해하려고 노력했으며 이 방식이 습관이 되면 굉장히 효율적인 공부가 가능하다는 것을 잘 알고 있기에 학생들에게도 이 방식이 습관이 되도록 지도합니다. 그래서 우선 아래와 같이 이야기합니다.

 수학익힘책은 수학 교과서를 보조하는 교재이므로 선생님은 여러분들이 이 책을 다 풀지 않아도 숙제를 내주거나 하지 않습니다. 그보다는 한 문제라도 스스로 푸는 습관을 기르는 것이 더 중요합니다. 그래서 다음과 같은 루틴으로 수학익힘책을 푸는 시간을 가지겠습니다.

① 한쪽을 다 풀면 다음 쪽으로 넘어가는 것이 아니라 답지를 보고 채점부터 하기
② 틀린 문제는 다시 풀면서 모르거나 답이 안 나올 때는 답지에 적혀 있는 해설을 읽고 이해해 보기
③ 그래도 이해되지 않으면 손 들기(선생님이 와서 지도)

학생들이 자기주도적으로 공부할 수 있도록 돕기 위해, 수학 익힘책은 다른 교과서와 다르게 뒤에 답지가 붙어 있습니다. 이 덕분에 학생들이 스스로 채점하는 것에 대한 부담을 가지지 않아도 되지만, 단순히 풀라고만 하면 제대로 활용되지 않을 가능성이 큽니다. 따라서, 익힘책 시간을 효과적으로 운영하려면 다음과 같이 '판을 깔아주는 과정'이 중요합니다.

선생님이 말했지만, 여러분들이 다 풀지 않아도 절대 숙제를 내주거나 지적하지 않는다고 했습니다. 모르는 문제가 나왔을 때 해설을 읽으며 스스로 깨닫는 것이 가장 훌륭한 공부법이며 그것을 한 문제라도 실천했다면 선생님은 대만족입니다.

그런데도 뒤에 있는 답을 보고 적는 어리석은 학생들이 분명 있을 겁니다. 분명 다하지 않아도 된다고 했는데도 양심을 어기는 것은 대체 왜 그런 행동을 하는 걸까요? 게다가 선생님은 이미 여러분들의 수학 실력을 너무나 잘 알고 있기에 실력에 비해 빨리 풀거나 정답률이 높으면 바로 의심할 수밖에 없겠죠?

그런 학생이 나오면 바로 앞으로 나오게 하여 익힘책에 있는 문제를 그대로 출제하여 테스트해 보겠습니다. 그리고 익힘책에는 동그라미가 그려져 있는데 전혀 풀지 못하는 학생의 경우 지금과 같은 방식을 바꿔 무조건 익힘책에 있는 모든 문제를 숙제로 내주겠습니다. 그러니 양심을 속이지 않고 정직하게 한 문제라도 최선을 다해 스스로 푸는 습관을 기르길 바랍니다.

금요일 6교시에는 교실 놀이를 인성교육 시간으로 활용한다고 했습니다. 그렇다면 학생들은 놀이 시간이 걸려 있는 만큼, 직전인 5교시에는 그 어느 때보다도 선생님의 말씀을 잘 따르게 됩니다. 혹시라도 문제 행동을 하면 놀이에 참여하지 못할 수도 있기 때문이죠. 이 점을 활용해 학생들이 가장 집중해야 하는 활동, 즉 수학 익힘책을 푸는 시간을 5교시에 배치합니다.

그 결과는 어땠을까요? 어느 도서관 부럽지 않은 학구열을 뿜어내며, 학생들은 수학 익힘책 풀기에 몰입합니다. 저는 흐뭇하게 그 모습을 바라보며, 6교시에 할 놀이 준비를 합니다.

### ⑩ 알림장

알림장을 쓰지 않고 준비물과 과제는 스스로 챙길 수 있도록 독려합니다. 그리고 필요한 것을 가져오지 않은 학생들을 위해 칠판에도 써 줍니다. 그래도 챙기지 못하면 핸드폰 메모 등의 다양한 방법을 제시합니다. 사실 기한을 반드시 지켜서 무엇을 가져와야 하는 경우도 거의 없으며 안 지킨다고 큰일이 나는 것도 아닙니다. 하나라도 스스로 챙겨보는 경험을 쌓게 해주는 취지이며, 지금까지도 이 방식은 아무런 문제가 없었습니다.

### ⑪ 공개수업

공개수업 시즌이 되면 교사 커뮤니티에 어떤 수업을 준비해야 하는지 고민하는 글이 많이 올라옵니다. 이 고민은 경력이 많든 적든 누구나 매년 합니다. 누군가 교실에 들어와 나의 수업을 본다는 것은 수업 실력과 상관없이 큰 부담이기 때문입니다. 따라서 어떤 학년이나 시기에 하든, 언제든지 할 수 있는 만능 수업 루틴을 만들어 놓는다면 교사가 매년 가져야 할 스트레스를 줄일 수 있어 건강한 교직 생활을 위해 도움이 될 것입니다.

다음에 소개하는 수업 흐름은 오래전부터 학부모 공개수업에 썼던 루틴입니다. 교사 커뮤니티의 인기 글에도 올랐으며 실제로도 많은 선생님이 적용한 후 성공 후기를 많이 남겼습니다.

좋은 학부모 공개수업의 기준은 다음과 같습니다.

- 교과, 내용의 제약 없이 언제나 할 수 있는 활동
- 소외되는 학생 없이 모두 열심히 참여하는 활동
- 교사가 준비할 것도 별로 없고 진행도 많지 않은 활동
- 학년 구분 없이 학생들의 반응이 항상 열광적인 활동

### 학부모 공개수업 흐름

(1) 준비 과정

① 사회나 과학, 또는 암산이 가능한 수학(단위, 구구단, 약수, 배수 등)을 교과로 잡는다. 다소 이른 시기에 공개수업을 한다 해도 학생들이 배운 내용 중 16문제만 출제해 놓으면 되기 때문에 학년이나 시기에 구애받지 않고 할 수 있다. (저학년의 경우 12문제 정도로 줄여도 무방함)

② 16문제를 출제하고 아래 그림과 같이 한글파일에 작업한다.

| 짧은 시간에 변하는 대기의 상태를 무엇이라고 하나요? | 여러 해에 걸쳐 나타난 날씨의 평균적인 상태를 무엇이라고 하나요? | 우리나라는 중위도에 위치하여 OOO이 뚜렷하게 나타납니다. | 여름에 남쪽 바다에서 불어오는 바람의 특징을 2가지 말하시오. |
|---|---|---|---|
| 정답: 날씨 | 정답: 기후 | 정답: 사계절 | 정답: 뜨겁다, 습하다 |
| 겨울에 북서쪽 육지에서 불어오는 바람의 특징을 2가지 말하시오. | 지도에서 기온이 같은 곳을 연결한 선을 무엇이라고 하나요? | 남쪽으로 갈수록 기온이 (높아지고/낮아지고) 북쪽으로 갈수록 기온이 (높아진다/낮아진다) | 비, 눈 등으로 일정 기간 일정한 곳에 내린 물의 양을 무엇이라고 하나요? |
| 정답: 차갑다, 건조하다 | 정답: 등온선 | 정답: 높아지고, 낮아진다 | 정답: 강수량 |
| 남부 지방과 북부 지방 중 평균 강수량이 많은 곳은 어디일까요? | OO과 가까운 지역의 겨울 기온은 내륙 지역보다 높은 편이다. | '공기'를 달리 이르는 말을 무엇이라고 할까요? | 여름에 OO와 OO 등의 영향으로 연평균 강수량의 절반 이상이 내린다. |
| 정답: 남부 지방 | 정답: 바다 | 정답: 대기 | 정답: 장마, 태풍 |
| 가장 강수량이 많은 계절은 언제인가요? | 중국이나 몽골의 사막에 있는 가는 모래가 바람을 타고 우리나라까지 날아와 가라앉는 현상은 무엇인가요? | 하루 최고 기온이 33도 이상으로 올라가는 매우 심한 더위를 뜻하는 현상은 무엇인가요? | 겨울철에 기온이 갑자기 내려가면서 발생하는 추위를 무엇이라고 하나요? |
| 정답: 여름 | 정답: 황사 | 정답: 폭염 | 정답: 한파 |

③ 모둠 수 만큼 출력하고 자른다. 여섯 모둠이면 A4 색지 6장으로 출력하면 된다.

(2) 수업 흐름

① [도입, 5분] 초성퀴즈를 진행한다. 정답에 해당하는 16단어 중 일부를 초성으로 제작하여 가볍게 퀴즈로 수업을 시작한다. 초성퀴즈는 간단하게 준비할 수 있으면서도 학생들의 발표를 쉽게 유도할 수 있는 효율적인 도구이다.

② [학습문제 제시] '~까지 배운 내용을 정리해 봅시다.'

③ [활동 (1), 10분] 정답을 지운 학습지를 모둠에 나눠주고 답을 채우게 한다. 서로 토의하며 답을 채우는 과정이며, 아무도 답을 모를 땐 교과서에서 찾아보게 한다. 그래도 모를 때에는 선생님을 호출한다. 답을 다 채운 모둠은 검사를 받은 후, 열심히 공부하고 있으면 된다.

④ [활동 (2), 15분] 미리 준비한 16장의 카드를 각 모둠에 나눠준 뒤 문제사냥 놀이를 진행한다. 규칙은 간단하다.
  - 16장의 카드를 각 모둠 책상 위에 쌓아놓는다.
  - 각자 한 장씩 카드를 들고 다른 모둠의 학생을 만나 가위바위보를 한다.
  - 가위바위보에서 진 학생이 이긴 학생에게 카드의 문제를 읽는다.
  - 만약 가위바위보에서 이긴 학생이 정답을 말하면 상대의 카드를 점수로 획득한다.

- 획득한 카드는 우리 모둠 책상 위의 카드 세트 맨 밑에 넣은 뒤 또 다른 학생을 만나 활동을 이어 간다.
- 카드를 빼앗긴 학생은 우리 모둠 책상 위의 카드 세트 중 한 장을 다시 가지고 계속 활동을 이어 간다.
- 5~7분 뒤 활동을 멈추고 각자 자신의 모둠으로 돌아가 몇 장의 카드가 있는지 세어 본다. 처음 16장의 카드에서 늘어난 모둠도 있고 줄어든 모둠도 있을 것이다.
- 개수를 확인 후 5~7분 후반전을 진행하고 활동을 마무리한다.
  * 만약 4명이 한 모둠인데 카드가 4장 미만으로 줄어들 땐 선생님께 구호 물품(카드 5~6장)을 받아 계속해서 활동에 참여한다.
  * 틀렸을 경우 반드시 답을 듣고 기억할 수 있도록 한다.
  * 틀렸을 경우 상대방이 기회를 얻으며 둘 다 틀렸을 경우는 서로 답을 공유 후 헤어진다.
⑤ [정리, 10분] 카드에 있던 16문제를 학습지 형태로 아이들에게 나눠주고 조용히 해결하게 한다. 놀이로 즐거운 수업과 함께 차분하게 스스로 공부하는 모습까지 공개하는 것이며 이미 문제사냥 놀이를 하며 열심히 암기했기 때문에 학생 대부분은 학습지의 문제들을 자신 있게 해결한다.

이 활동은 교과, 내용의 제약 없이 언제나 할 수 있는 활동입니다. 범위를 잡고 16문제 정도만 출제하면 되기 때문입니다. 게다가 누구도 소외되지 않고 열심히 참여할 수밖에 없는 구조이며, 이 과정에서 교사의 개입은 많지 않습니다. 여러 학년을 대상으로 이 수업을 진행해 봤지만 언제나 학생 참여와 반응이 뜨거운 활동이었으며 공개수업으로 했을 때도 즐겁게 학생들이 공부하는 과정을 관찰할 수 있어 만족도가 매우 높았습니다. 의무적으로 해야 하는 공개수업이라면 이처럼 수업 틀을 만들고 매년 반복해 보세요. 자신감은 높아지고 스트레스는 줄어들 거예요.

## 단단 마인드 : 공개수업을 마친 선생님께

오늘 공개 수업하신 선생님, 수고하셨습니다. 제가 제안드린 방법이 만족스러우셨나요? 아주 쉽죠? 그런데 그런 쉬운 방법이 나오기까지는 아주 오랜 고민과 연구가 있었고 시행착오도 많았답니다.

저는 꽤 오래 연구를 진행했습니다. 2년 차부터 15년 차 때까지 방학 때도 쉴 틈 없이 교재 연구하고 아이디어 만들고, 학기 중엔 수업 때 적용해 보고 하며 살았습니다. 제 인디스쿨 닉네임이 한 번 바뀌었는데 첫 닉네임은 patient였습니다. '인내심' 또는 '환자'라는 의미죠. 인내심 있게 교재 연구하고 적용해 보자, 환자처럼 교재 연구에 중독되어 보자 하는 생각으로 2년 차 때 지었던 닉네임입니다.

그렇게 오랫동안 연구한 수업 놀이, 교실 놀이, 그리고 학급경영을 선생님들께서 조금이라도 더 쉽게 적용하시도록 안내해 드리고 있습니다. 그러니 조금 안된다고 슬퍼하지 말아 주세요! 저도 쉽게 적용하시도록 노력하고 있지만 놀이 진행과 학급경영에는 시행착오가 필요합니다.

놀이 지도는 많이 해보셔야 쉬워집니다. 처음 해보셨다면 몇 학년을 하든 당황할 수밖에 없습니다. 하지만 내년에는 지금보다 더 아래 학년을 맡으셔도 잘될 겁니다.

동영상을 본다고 놀이 진행이 잘될 리 없죠. 올해의 경험이 내년에 빛을 볼 겁니다. 지금의 모든 시도들이 값지게 돌아올 것이라는 걸 잊지 마세요. '이게 정말 되나?' 고민하고 의심하지 마세요. 그냥 끝까지 가시면 됩니다. 올해 1년도 30년 장기 레이스의 일부일 뿐입니다!

## ⑫ 시간표 고정

많은 교실에서는 매일의 시간표를 칠판에 고정하여 공지합니다. 하지만 저는 전담 수업 외에는 시간표를 고정하지 않고, 칠판에 게시하지도 않습니다. 주당 또는 연간 수업시수만 맞추고 그날의 수업 흐름, 학생들의 집중력과 컨디션, 그리고 교사의 상태를 고려해 유연하게 수업을 운영합니다.

예를 들어 기본 시간표상 월요일 1교시가 국어, 2교시가 수학이라고 하더라도 1교시 국어 수업에서 학생들의 몰입도가 높고 시간이 더 필요하다면 2교시에도 계속 국어 수업을 진행합니다. 이렇게 하면 당일 못 한 수학 수업은 다른 요일에 보충해서 연간 또는 주간 수업시수를 충족해 두면 됩니다.

학생들에게는 다음과 같이 이야기합니다.

"선생님이 학기 초에 배부한 기본 시간표는 언제든지 바뀔 수 있습니다. 이것은 여러분들의 학습 상태와 컨디션을 가장 잘 반영하기 위한 것입니다. 예를 들어 사회 수업이 한 시간 배정되어 있더라도, 여러분이 즐겁게 참여하고 시간이 더 필요하다고 판단되면 두 시간으로 연장할 수 있습니다. 이때 못 한 다른 과목의 수업은 다른 날 보충하면 됩니다. 각 과목의 총 수업 시간을 지키면 되거든요.

그러니 선생님이 수업을 바꿀 때 '왜 지금 이 과목을 하죠?'라고 묻지 말고, '선생님이 우리를 위해 최적의 학습 환경을 조정해 주시는구나'라고 이해해 주면 좋겠습니다."

교사는 교실에서 최대한의 자율성을 가질 수 있습니다. 스스로 정한 시간표에 얽매일 필요도 없습니다. 수업을 유연하게 운영하면 학생들의 상황을 고려하여 맞춤형 교육을 제공할 수 있고, 교사 본인의 컨디션도 효과적으로 관리할 수 있습니다. 이런 방식의 운영은 1년이라는 매우 긴 장기 레이스를 건강하게 마무리하는 데에도 큰 도움이 될 것입니다.

# 03
# 교사가 진정으로 '더하기' 해야 할 것들

### ① 수업 준비

　교사가 정말 집중해야 할 곳은 바로 '수업'입니다. 하루의 80%는 결국 수업 시간이며, 수업 준비를 미리 해두면 학기 중 에너지도 최소화할 수 있습니다. 최고의 수업법은 자신이 가장 좋아하는 방식의 수업입니다. 교사가 자신이 좋아하는 방식으로 수업하면, 더욱 자신 있고 신나게 진행할 수 있고, 그 분위기가 학생들에게도 전달되어 수업시간이 더 즐거워집니다. 그리고 학생들이 수업을 좋아하기 시작하면, 학급경영도 만사형통입니다. 따라서, 내가 좋아하는 수업을 하기 위해 미리 수업 준비를 하는 습관이 필요합니다. 그 투자는 결국 나 자신을 위한 것이니까요.

　수업은 교사의 최고의 권위이자 자존심이며, 준비하면 할수록 학기 중이 편해진다는 뜻입니다. 방학 중에 틈틈이 교재 연구를 하면 더욱 좋겠지만, 굳이 방학을 활용하지 않더라도 조용한 아침 시간에 수업 준비를 하는 습관만 들여도, 충분히 만족스러운 수업을 할 수 있습니다.

### ② 에너지를 아낄 수 있는 자료 수집

여러 가지 활동을 하다 보면 학생들이 신기할 정도로 2시간 동안 몰입하는 활동들이 있습니다. 그것이 미술이든, 수학이든, 사회이든 상관없이, 이런 활동들을 놓치지 않기 위해 저는 바탕화면에 '에너지 아끼기' 폴더를 하나 만들어 정리하는 습관을 기릅니다.

이렇게 정리해 두면 매년 어떤 학년을 맡아도 성취 기준에 맞게 변형하거나 그대로 활용할 수 있어 제가 강조하는 강약 조절에 큰 도움이 됩니다. 저는 이 주제로 연수까지 진행했을 정도로 이미 많은 자료를 가지고 있으며, 실제로 이 방법을 통해 학기 중 효율적으로 에너지를 관리하고 있습니다.

\* 자료를 준비할 시간이 부족하다면, QR 코드를 스캔해 보세요. 2시간 몰입 활동만 모아서 소개한 연수를 들으실 수 있습니다.

### ③ 나만의 무기(특색 활동) 한 가지

교실 놀이와 같이 선생님마다 하나의 특색 활동은 반드시 필요합니다. 놀이여도 좋고 놀이가 아니라도 괜찮습니다. 단, 아래의 조건을 만족해야 합니다.

- 1년 동안 끈질기게 실천할 수 있는가?
- 학생 주도권을 잡는 무기가 될 수 있는가? (학생들이 좋아하게 만들 자신이 있는가?)
- 지나치게 에너지를 소모하는 활동은 아닌가? 그렇다면 어떻게 하면 줄일 수 있을까?

아직 나만의 무기가 없다면, 지금부터 위의 조건에 맞는 한 가지 활동을 찾아 끝까지 사수한다는 마음으로 실천해 보세요. 그러면 어느 때보다도 보람찬 교사 생활을 할 수 있을 것입니다.

교사의 가장 큰 장점은 자율성입니다. 주어진 교육과정을 눈치 보지 말고 선생님 입맛대로 마음껏 요리하면서 그 장점을 최대한으로 누리십시오. 선생님이 날개를 활짝 펴고 교실의 당당한 주인이 되어야만 학생들도 그 모습을 보며 당차게 힘든 세상을 살아갈 용기를 얻을 수 있습니다. 지금부터, 단단한 학급경영과 함께 정년까지 이 길을 힘차게 걸어 봅시다.

## 교사를 지키는
## 단단한
## 학급경영

**초판 1쇄 발행** 2025년 4월 30일
**4쇄 발행** 2025년 11월 30일

**지은이** 이종대왕

**펴낸이** 이형세
**펴낸곳** 테크빌교육(주)
**주소** 서울시 강남구 언주로 551, 프라자빌딩 5층/8층 | **전화** (02)3442-7783(333)

**편집** 한아정 | **디자인** 곰곰사무소

ISBN 979-11-6346-201-9 (03370)

책값은 뒤표지에 있습니다.

테크빌 교육 채널에서 교육 정보와 다양한 영상 자료, 이벤트를 만나세요!
**티처빌** teacherville.co.kr          **체더스** http://www.chathess.com
**쌤동네** ssam.teacherville.co.kr

이 책의 무단 전재와 무단 복제를 금합니다.
잘못 만들어진 책은 구입하신 서점에서 교환해 드립니다.